나의
S.T.E.P.
인생 성공의 한 끗 차이

나의 S.T.E.P.
인생 성공의 한 끗 차이

초판 1쇄 발행 2023년 3월 31일

지은이 곽나영
펴낸이 장현수
펴낸곳 메이킹북스
출판등록 제 2019-000010호

디자인 박단비
편집 박단비
교정 강인영
마케팅 장윤정

주소 서울특별시 구로구 경인로 661, 핀포인트타워 912-914호
전화 02-2135-5086
팩스 02-2135-5087
이메일 making_books@naver.com
홈페이지 www.makingbooks.co.kr

ISBN 979-11-6791-346-3(03320)
값 16,800원

ⓒ 곽나영 2023 Printed in Korea

잘못된 책은 구입하신 곳에서 바꾸어 드립니다.
이 책의 전부 또는 일부 내용을 재사용하려면 사전에 저작권자와 펴낸곳의 동의를 받아야 합니다.

홈페이지 바로가기

메이킹북스는 저자님의 소중한 투고 원고를 기다립니다.
출간에 대한 관심이 있으신 분은 making_books@naver.com으로 보내 주세요.

나의 STEPS

인생 성공의 한 끗 차이

예비창업자·N잡러 필독서
"현 워킹맘 대표 인생 에세이"

아껴서가 아니다!
잘 사용해서 된 것이다!

곽나영 지음

메이킹북스

차례

프롤로그   8

1부 미운 오리, 백조가 되기까지

미운 오리 새끼의 성장통	14
마당을 나온 미운 오리	34
미운 오리는 과연 백조였을까?	44

2부 성공을 위한 인생 공략, S.T.E.P.

첫 번째 STEP - 부정 지옥에서 벗어나기   52
     가까울수록 강한 공격이 온다   58
     능력의 과신은 몰락을 부른다   75

두 번째 STEP - 망할 가능성이 0%에 근접하도록 만들어라 1   80

두 번째 STEP - 망할 가능성이 0%에 근접하도록 만들어라 2   97
    경험이야말로 바로 인생 선배   97
    결정이 힘들 땐 마인드맵을 그려 보자   102

잠깐, 일과 사랑과 전쟁 이야기   108

세 번째 STEP - 머니 파이프라인을 만들어라 1 (본업에 매진하기)   121
    사업은 이변의 연속   124
    분담의 극대화   127
    단골 고객 만들기   140
    부부 사업의 고충   152

세 번째 STEP - 머니 파이프라인을 만들어라 2 (N잡러가 뭔데?) 158
수입의 극대화 - I 보험 설계사_독립 지사 대표 158
수입의 극대화 – II 카페 사업 171
수입의 극대화 – III 무인 사업 180
N잡을 두려워하지 마라 185

세 번째 STEP - 머니 파이프라인을 만들어라 3 (불로 소득 만들기) 190
부동산 투자는 신중하게 191
특별한 저축을 시작할 것 193
분산 투자와 레버리지 투자 197

3부 백조, 성공을 향해 날다

한 걸음 더 나아가기　　　　　　　　　　　　　　206

에필로그　　　　　　　　　　　　　　　　　　216
특별 부록 감사한 나의 인생 포토스토리　　　　220

프롤로그

'시간(Time)은 금보다 귀하다.'
'사람(People)보다 귀한 자산은 없다.'

시간과 사람. 그리고 그 사이를 이어 주는 '경험(Experience)'.

위의 두 문장은 내가 지금껏 삶을 살아오면서 수많은 경험을 통해 발굴해 낸 인생의 특별한(Special) 노하우라고 할 수 있다.

물론 사이사이, 그 수많은 경험들 속에는 난관이 난무했고 가끔은 모든 것을 놓아 버리고 싶을 때가 한두 번이 아니었지만, 그들은 포기라는 방해꾼에게 내가 흔들리지 않도록 든든한 조력자 역할을 해 주었다.

아직까지도 앞으로의 내 인생은 더 높이, 더 멀리 성장할 것이라 확신하는 것은 단언컨대 나만의 인생 공략 덕분일 것이다.

멈추지 말 것.

늘 고민하고 연구할 것.

현재의 행복에 머물러 있기보다는

미래의 역운을 대비할 것.

그리고, 무엇보다 나 자신을 믿을 것.

이 책은 이런 분들께 추천하고자 만들었다.

1. 인생의 목표를 잡지 못하고 있다.
2. 현재의 인생에 불만은 없으나 100% 만족하는 편도 아니다.
3. 나만의 인생 공략을 직접 써 보고 싶다.
4. 주부로서 경력 단절 해방을 목표한다.
5. 예비 사업자로서 첫걸음 내딛기를 다짐하고 있다.

  당신의 인생에 작게나마 성공을 향한 불씨가 타오를 수 있기를,
  투박하지만 진솔한 나의 이야기가 당신의 마음에 가닿길 바라는 마음으로,

  성공을 향해 나아갔던 나의 발걸음을 소개해 보겠다.

1부

미운 오리,
백조가 되기까지

미운 오리 새끼의 성장통

여성 최연소 보험 대리점 독립 지사 대표, 연 매출 5억 중화요리 전문점의 안주인, 부동산 세 채의 임대 사업자, 한 아이의 엄마, 곽나영.

"어떻게 그 나이에 그 위치까지 올라갔어요?"

지금껏 몇 번이고 들어 온 질문이다. '어떻게'라. 그 질문에 한마디로 답변하기에는 날밤을 줄줄 새면서 이야기해도 모자랄 만큼 수많은 일들이 나를 거쳐 갔다.

지루하지나 않을까. 내 인생을 누가 궁금해하기라도 할까. 확실하게 이야기할 수 있는 것은, 내가 생각해도 과장 조금 보태 거짓말 같은 기적이 많았던 30년이었다는 것이다.

그 길지도 짧지도 않았던 30년, 내 인생 이야기를 좀 해 볼까 한다.

***

말괄량이. 천방지축. 까불이. 덜렁이. 왈가닥.

내 어린 시절을 장식한 별명들이다. 나는 1남 2녀 중 둘째, 위에 치이고 아래에 치이는 둘째로 태어났다. 첫째인 언니는 부모님의 기대를 듬뿍 받으며 가정의 대들보로 승승장구를 하고 있었고, 셋째인 막냇동생은 부모님의 사랑을 듬뿍 받으며 집안의 귀염둥이, 대를 이을 아이로 떠받들어지고 있었다. 나? 나는 그냥, 둘째였다.

험난한 세상을 둘째로 살아가기는 쉽지 않았다. 아마 언니는 언니 나름대로 장녀로서의 무거운 책임감을 느꼈을 것이다. 막내는 부모님의 막힘없는 무한한 애정이 부담스러웠을 수도 있겠다. 그렇지만 나는 무거울 것도, 부담스러울 것도 없었다. 언니의 그늘에서도 벗어나야 했고, 총량이 정해진 부모님의 사랑을 동생과 나눠야 했다. 그런 와중에 사람 된 도리는 다해야 했으니, 얌전하고 고분고분하며 꼼꼼하고 수줍은, 단정한 아이로 자라기를 바라는 것은 무리. 혹자는 어린 시절의 나를 두고 아들 다섯을 키우는 것보다 힘든 딸이라고까지 했다.

부모님은 평범한 분들이셨다. 아버지는 경찰 공무원이셨고, 어머니는 40세가 넘어서야 첫 직장을 얻은 전형적인 전업주부셨다. 잘 살지도, 그렇다고 특별히 못살지도 않는 그런 집.

하지만 다른 집과는 살짝 달랐다. 오 남매 중 장녀였던 엄마는 이모와 삼촌들까지 동생 네 명의 뒷바라지를 하셔야 했다. 22세 어린 나이에 아빠와 결혼을 하고, 그때부터 10년이 넘는 세월 동안 동생들을 시집, 장가보내며 자식만큼 귀하게 챙기셨다.

오 형제 중 막내였던 아빠는 장녀였던 엄마의 환경을 이해하셨다. 동생들과 함께 살 수밖에 없는 엄마의 상황을 온전히 받아들이시곤 외가 동생들을 모두 품어 주셨다.

그렇기에 나는 내가 기억할 수 있는 유년 시절부터 성인이 될 때까지 남들은 한 번쯤 가져 볼 법한 '내 방'을 가지지 못했다. 18평 정도 되었을까. 평수도 기억나지 않는 작은 아파트에 우리 가족 다섯과 이모 삼촌들까지 포함해 총 일곱 명이 옹기종기 모여 살았기 때문에 그것은 당연한 일이기도 했다.

어느 누구의 방이랄 것 없이 온 가족이 거실에서 함께 먹고, 자고, 놀았다.

물론 다복한 가정은 좋았다. 하지만 나는 하고 싶은 것도, 갖고 싶은 것도 너무나 많은 일반적인 아이였다.

***

초등학교에 올라간 뒤에는 배워야 할 것들이 늘어났다. 동네 친구들을 따라 피아노도 배워야 했고, 학습지 교육도 받아야 했고, 신체 발달을 위한 태권도나 검도 등의 운동도 해야 했다.

"나영아, 피겨 스케이팅 해 봤어?"

그 무렵, 나는 서울서 전학을 온 친구와 친해지게 되었다. 사투리를 쓰지 않고 조용한 목소리로 나긋나긋, 나직하게 말하는 버릇을 가지고 있던 그 친구는 동네 아이들에게는 동경의 대상이었다. 태생부터 천진하고 까불거리는 기질을 가졌던 나는 은근히 그 나직함을 부러워했나 보다. 어느새 그 아이와 친구가 되어 함께 어울리기 시작했다.

친구는 문화회관에서 피겨 스케이팅을 배우고 있었다. 처음 친구를 따라 문화회관을 간 날, 나는 스케이트화 신는 법을 몰라 코치 선생님의 도움을 받았다. 사실 원칙대로라면 교육비를 내지 않은 나는 가르침을 받을 수 없었겠지만, 뭐, 그 시절에는 친구를 따라 학원도 가고, 부모님이 저녁 늦게 오시면 이웃집에서 저녁도 얻어먹고, 그런 일이 왕왕 있지 않았는가.

"우와…."

난생 처음 접해 보는 그 스포츠의 매력에 나는 흠뻑 빠졌다. 처음으로 스케이트화를 신고 얼음판에 올라가 있었지만, 용케 넘어지지 않고 잘 버티고 있었다. 주변을 둘러보니 친구와 비슷한 나이대의 어린 아이들은 손으로 벽을 짚고 차근차근 걷는 연습을 하고 있었고, 조금 큰 언니 오빠들은 링크장을 휘돌며 피겨 자세를 잡거나 점프 교육을 받고 있었다. 나는 괜한 오기가 생겼다.

"어어, 안 돼!"

커다랗게 들리는 코치의 목소리에 깜짝 놀라 중심을 잃고 꽈당 엉덩방아를 찧었다. 주변을 보며 살살 날을 세워 몸을 돌리고 있던 차였다. 높지는 않지만 어느 정도 콩콩거리는 점프를 통해 몸 띄우기를 하다 보니 이만하면 빙글빙글 도는 자세도 할 수 있을 것 같다는 생각이 들었던 것이다. 눈을 커다랗게 뜬 코치가 능숙한 자세를 하고는 얼음 바닥에 앉아 있는 나를 향해 다가왔다.

"아이고, 괜찮니?"
"예에- 일어날 수 있어요!"

코치의 손을 잡고 끙- 몸을 일으키니 그는 바닥에 부딪혀 어디가 부러지거나 생채기가 난 곳은 없는지 어깨를 잡고 이리저리 돌려가며 확인했다. 그러고는 믿을 수 없다는 듯이 내게 물었다.

"나영이, 너 피겨가 처음이라 그랬지?"

***

엄마는 피겨 스케이팅 선수가 되고 싶다는 내 말을 듣고는 단호히 말씀하셨다.

"안 돼."
"왜? 왜 안 돼?"

"안 된다면 안 되는 줄 알아."

나는 다른 것보다, 다른 학원을 다니는 것보다 스케이트를 타는 것이 너무 즐겁고 좋았다. 다른 학원을 끊더라도 피겨 스케이팅을 배우고 싶었다. 코치 선생님이 지나가듯 말한 '재능 있는 아이'라는 말이 자꾸만 귓가에 맴돌았다.

단호한 엄마의 말에 선뜻 더 이상 요구나 애원은 하지 못했지만, 사실 엄마가 그렇게 단호한 태도를 보인 이유를 어렴풋이 알고 있었다. 엄마 아빠가 왜 피겨 스케이팅을 시켜 주지 않는지, 피겨 대신 다른 것을 배워 보라고 하는 이유가 뭔지.

그것은 태어나 처음으로 느끼는 박탈감이었다.

한동안 암울하게 지냈다. 그렇게 좋아하던 놀이터도 가지 않았고, 방과 후 나를 애타게 찾는 친구들도 외면한 채 괜히 신발주머니를 휘두르며 집에 돌아와 거실에 던져 버렸다. 그 와중에 혼자 틀어박혀 있을 방이 없다는 것도 나의 분노를 자극했다.

동생은 삼촌이랑 방 같이 쓰게 하면서.
언니는 다니고 싶은 학원 맘껏 다니고 있으면서.(물론 언니는 그때 고학년이고 진학이 중요한 시기였으니 당연히-심지어 원치 않는다고 해도- 교육적 뒷바라지가 필요했을 것이다. 그런 것까지 생각하기에 나는 어린 나이였다.)

하지만 그렇게 좌절한 채로 가만히만 있으면 아무것도 변하는 건 없다.

"야, 니! 배에다 뭘 그리 훔쳐 가노!"
"이거 제 배인데여!"
"하이고, 저 저 쪼만한 아가 그짓말하는 것 좀 보소."

고 작은 머리로 생각해 낼 수 있는 통쾌한 복수라는 것은 고작 그 정도였다. 내가 피겨 스케이팅을 배우지 못하는 것은 우리 집에 그만한 돈이 없기 때문이다. 우리 집에 돈이 없는 이유는 아빠가 국민의 혈세로 먹고사는 '박봉' 경찰 공무원이기 때문이라 생각했다. 아빠에 대한 반발심은 곧 직업에 대한 반발심으로 이어졌다. 도둑질을 하겠다. 도둑질을 하고 또 하고 계속해서, 경찰이 잡지 못하는 대단한 도적이 되겠다.

분에 못 이겨 씩씩대며 집 밖으로 나선 나는 집 근처에 딱 하나 있는 슈퍼마켓에 홀린 듯이 들어갔다.

당시 슈퍼에는 '에○몽'이라고, 달걀 모양의 초콜릿 속에 여러 가지 장난감이 들어 있는 획기적인 간식을 팔았다. 너무나 갖고 싶어 했지만 번번이 비싸고 쓸모없어서 안 된다는 엄마의 말에 눈길도 주지 못하고 돌아서야 했던, 그 장난감 과자가 당당히 가게에 들어선 내 눈앞에 커다랗게 다가왔다.

옷 안쪽으로 동그란 과자를 몇 개 움켜쥐어 밀어 넣고는 그대로 뒤로 돌아 아무렇지 않은 듯 괜히 가판대 근처를 어슬렁거리며 걸었다. 순간 아주머니가 소리를 꽥 질렀다. 뭘 그리 배에다 드글드글하게 많이 넣었느냐는 말에 괜한 오기가 생겨 맞대어 소리를 쳤다. 맨살에 닿는 은박지 소재의 포장지가 차가웠다. 심장이 작게 쿵쾅거렸다.

슈퍼를 빠져나와 초콜릿을 배에서 하나씩 쏙쏙 꺼내는 것은 마치 알을 낳는 것 같은 느낌을 주었다. 처음이 어렵지, 일단 한번 저지르고 나니 그 다음부터의 도둑질은 그리 힘들지 않았다. 시위라도 하듯, 몇 번을 동네 작은 슈퍼마켓에서 그렇게 야금야금 도둑질을 했다.

한바탕 내가 그렇게 야금야금 도둑질을 하고 나가면, 뒤로는 엄마가 슈퍼 아주머니께 돈을 지불하셨다는 것은 나중에야 알았다. 나는 정말로 내가 들키지 않고 도둑질을 잘 해낸 줄 알고 있었다.

나중에서야 알게 된 것은 또 있었다. 엄마는 당시, '피겨는 안 돼'라고 단언했지만 사실은 재능이 있다고 하는 코치의 말을 듣고 남몰래 피겨 스케이팅을 배우는 데 들어가는 비용을 한번 계산해 봤다고 한다. 세 아이를 키우면서는 도무지 엄두가 나지 않았던 금액이었기에, 그래서 오히려 더 딱 잘라 거절할 수밖에 없었던 것이었다.

그때 피겨를 시켜 주지 못한 것이 못내 마음에 걸리셨을까. 그 어린 시절부터 20년이 지났는데도, 올림픽 시즌이 되면 아직까지 엄마는 TV를 보며 말하곤 한다. 우리 나영이가 그때 피겨를 제대로 배웠더라면 저기 저 선수만큼이나 잘했을 것이라고 말이다.

※※※

초등학교 고학년이 되고 나서, 나는 풍성한 똥머리에 서클렌즈를 끼고 틴트를 바르는, 소위 말하는 노는 아이처럼 꾸미고 다녔다. 다른 아이들은 선생님의 눈치를 보며 귀엽게 자른 짧은 머리를 하고 다녔지만 나는 홀로 머리를 높이 틀어 올려 똥머리를 했다. 똥머리는 나름 나의 아이덴티티였다. 뭐, 요즘이라면 화장하고 머리를 높이 올려 묶는 고작 그 정도 가지고 무슨 날라리를 논하느냐고 하겠지만, 그 시절에는 노는 아이에 대한 나름대로의 기준이 있었다. 어린 눈에는 그게 멋있어 보였기에 그 기준에 들기 위해서 무던히도 노력을 기울였던 것 같다.

6학년 때의 일이다. 나는 그렇게 노는 아이들처럼 꾸미고 '대외 활동'을 하며 친해진 타 학교 선배들, 친구와 함께 시내를 싸돌아다니며 놀고 있었다.

"우리 스테이크 먹자."

그중 누군가 한 명이 이렇게 말했던 것 같다. 다들 자연스레 고개를 끄덕였고, 스테이크를 파는 식당에 줄줄이 입장했다. 처음 들어보는 생소한 상호명, 나중에 알고 보니 그곳은 그 이름도 유명한 스테이크 하우스, '아웃○'이었다.

이름도 처음 들어보는 곳이었는데, 그곳 음식들의 가격대를 짐작이나 할 수 있었겠는가. 당당히 입성은 했는데, 나에게 넘겨지는 메뉴판의 가격을 보고 혀를 내두를 수밖에 없었다. 스테이크야 원래 가격대가 있는 음식이지만, 어렸던 내 눈에는 비싼 정도가 아니라 TV에 나오는 재벌가 부잣집에서나 먹을 수 있는 것이 아닌가 싶을 정도의 가격대로 비쳐졌다.

물론 나만 그렇게 느끼는 것은 아니라 메뉴판을 본 우리들

사이에는 묘한 침묵이 흘렀다. 종업원이 친절하게도 메뉴 설명을 마치고는 잠시 자리를 비워 주자, 우두머리 격이었던 두 살 위 중학생인 언니가 그 침묵을 깼다.

"뭐 시킬 거야?"

맘 같아서는 0이 여러 개 붙은 프리미어 스테이크를 냉큼 시키고 싶었으나 돈이 없었다. 립아이도, 서로인도, 채끝도 시킬 수가 없었다. 많고 많은 메뉴 중 1개만 골라 그걸 n분의 1로 나눈다고 해도 내 일주일 치 용돈을 간당간당 넘나드는데 시키긴 뭘. 한참을 머뭇거리고 있는데 옆에서 목소리가 들렸다.

"우리 폭립 먹자. 이 중에서 폭립이 그나마 싸고 양도 많아 보여."

초등학생 2명과 중학생 2명이서 그렇게 폭립 하나를 시켰고, 뼈까지 뜯어먹을 기세로 맹렬히 달려들어 폭립을 먹어 치웠다. 원래의 목적이었던 스테이크를 먹지는 못했지만, 배고픈 초등학생에게는 이미 너무나 맛있는 식사였다.

모든 게 다 좋았다. 엄청나게 배가 부르다거나 아쉬울 것이 전혀 없는 식사는 아니었지만, 패밀리 레스토랑에서 난생 처음 경험해 본 내돈내산 플렉스로 이미 나는 만족을 한 상태였다.

뼈만 앙상히 남겨 놓은 폭립을 보곤 한 중학생 언니가 화장실을 다녀오겠다며 슬쩍 자리를 떴다.

"야, 갑자기 배가 아프네…. 화장실 좀 다녀올게. 기다리고 있어 봐."

화장실에 다녀오겠다던 언니는 시간이 다소 지나도록 돌아오지 않았다.

"아, 미친. 얘 지금 화장실에 휴지 없댄다. 내가 가져다주고 올게. 아, 진짜 더러워 죽겠네. 귀찮게."

남아 있던 언니가 휴대폰을 슬쩍 보고 문자를 몇 개 보내는가 싶더니 비식비식 웃으며 자리에서 일어났다. 그때까지 나와 친구는 꿈에도 생각지 못하고 있었다. 그 언니들이 그렇게 우리를 버려두고 줄행랑, 요즘 말로 하자면 먹튀를 할 것이라고는 말이다.

"나영아. 근데 그 언니, 휴지를 가져가긴 했나?"

이쯤이면 휴지 전달이 끝났을 만도 한데. 돌아올 때가 됐는데. 시간이 지나도록 언니들이 돌아오지 않자 무언가 이상함을 느낀 친구가 문득 내게 물었다.

"휴지, 그대로 있는데…?"
"…헐."
"이 언니들 튄 거 맞지…?"

비상사태. 이거야말로 비상사태다. 이를 어쩌지, 발만 동동 굴러 봤자 해결되는 것은 하나도 없다. 친구는 어떻게 하면 '감히' '대선배'에게 이 일을 따질 수 있을지를 걱정하고 있었기에 대신 총대를 짊어진 내가 전화를 걸었다.

- 연결이 되지 않아 삐 소리 후 소리샘으로 연결되오며 통화료가 부과….

역시나, 전화를 받을 리가 없지. 한참이나 신호를 기다리다 휴대폰을 닫은 나를 걱정스레 쳐다보는 친구의 시선이 느껴졌다. 친구는 애가 타는 듯 마른 입가를 침으로 끊임없이 적시고 있었다.

힐끗, 앞에 놓인 계산서로 눈길을 돌렸다.

합계 4만 8,700원.

초등학생이 한 끼 식사에 4만 원이 넘는 돈을 내야 한다니.

질이 좋지 않은 친구들과 어울리다 선배들한테 끌려가서 돈을 뜯겨 본 적은 있지만, 얼굴을 뻔히 알고 친하게 지내 왔던 언니들한테 먹튀를 당한 기분은 말로 표현할 수 없을 정도였다. 뒤통수를 두들겨 맞은 듯 얼얼했다.

"…나영아, 우리도 그냥 튈까?"

친구가 조곤조곤히 소곤거리곤 주위의 눈치를 살피며 은밀

한 눈짓으로 문을 가리켰다. 나는 눈을 질끈 감았다. 순간의 유혹은 너무나 달콤했다.

하지만 머릿속을 스치는 목소리가 있었다. 그건 분명 아빠였다. 초등학교 6학년 어린아이에겐 부모님의 불호령은 분명한 효과가 있다. 도둑질이 용서되는 나이는 지났다. 하필이면 직업도 경찰인 아버지께 이 일을 들키게 된다면…. 돈을 내지 않고 도망갔을 때 어떤 일이 발생할 것인지 시뮬레이션을 돌리고 나니 감히 '먹튀'를 할 생각조차 들지 않는다.

"그냥, 우리가 돈 내자."
"뭐? 아니, 그걸 왜 우리가 내?"
"그럼 어떡해. 너 우리 아빠 경찰인 거 알지. 걸리면 진짜 죽음이야."

하 씨. 너는 왜 사람을 겁을 주고 그러냐. 울며 겨자 먹기로 친구와 둘이서 주머니를 뒤지기 시작했다.
친구의 주머니에서 나온 돈은 고작 만 원이었다. 그나마 다행이었던 것은, 그날 오랜만에 시내를 나간답시고 옷도 사고 화장품도 살 겸 지금껏 모아 둔 용돈을 탈탈 털어 가지고 나왔다는 것이었다. 그 돈이 없었으면 어쩔 뻔했을까.

있는 돈 없는 돈을 전부 꺼내 겨우겨우 금액을 맞추니 그제야 긴장이 조금 풀리는 듯싶었다.

4만 원이 넘는 거금을 싹싹 긁어모아 계산하고는 순식간에 빈손이 되어 터벅터벅 레스토랑을 걸어 나왔던 초등학교 6학년의 나.

지금 생각하면 참, 뭐가 그렇게 멋있어 보였기에 그 무리에 들고 싶어 아등바등 노력했을까 싶다. 그렇게 그 언니들이 저지른 배신의 대가는 가혹했다. 두 달 동안 나는 용돈이 없어 군것질 한 번 하지 못한 채 침만 줄줄 흘려야 했다. 그나마 중간중간 청소와 설거지, 심부름 등으로 받은 오백 원, 천 원을 소중히 아껴 학교 앞 문방구에서 파는 불량 식품을 조금씩 사 먹으며 마음을 달랠 수밖에.

여하튼, 엉망진창 소중한 어린 시절을 지나 나는 성장하고 있었다. 어이없게 당한 뒤통수 덕분에 전 재산을 털어 배고픈 한 끼를 먹어야 했던 초딩의 플렉스는 돈 주고도 못 살 경험이 되었던 것은 분명하다.

마당을 나온 미운 오리

"어서 오세요~!"

중학교에 진학한 후, 나는 아르바이트를 하게 되었다. 시급은 2,100원. 중학교 2학년이었던 시절, 그러니까 2007년 당시 최저 시급은 3,480원이었지만 그에 한참을 못 미치는 금액을 받고 일해야만 하는 사정은 당연히 있었다.

'너무 너무 너무 너무 갖고 싶다.'

그 이름도 어마무시한 mp3. 그래, 90년대생 내 동년배들은 목에 미○마우스 모양의 mp3를 하나씩 걸고 다녔다. 색도 휘황찬란했다. 핑크색, 붉은색, 하늘색, 검은색, 흰색, 파란색, 보라색… 등등. 그렇지만 내가 그토록 갖고 싶었던 것은 자그마한 쥐 모양의 귀여운 mp3가 아니었다.

내가 그토록 원했던 제품은 yp-p2, 동시대 최고의 블루투스 제품이라고 불리던 mp3였다. 차라리 알록달록 귀엽고 저렴한 mp3를 원했으면 내가 아르바이트를 시작할 일도 없지 않았을까. 당시 돈으로 20만 원을 호가하는 값비싼 mp3는 사 달라고 말하기도, 갖고 싶다고 말하기도 애매한 그런 아이템이었다.

처음에는 전단지 아르바이트를 했다. 일단 아파트 한 단지를 물색한 뒤, 그 아파트의 층층이 전 세대를 오르내리며 대문에 테이프로 치킨집 전단지를 붙이는 일이었다. 시급이랄 것이 있나. 한 장 붙이는 데 10원. 더도 덜도 말고 10원. 10장을 돌리면 100원, 100장을 돌리면 1,000원. 1,000장을 돌려야 10,000원.

사실 같이 일한 친구들 중에는 전단지를 전부 붙이지 않고 쓰레기통에 슬쩍 몇 장을 집어넣거나 돌린 장수를 속이는 등 꼼수를 부리는 친구도 있었다. 처음에는 그게 못마땅하고 마음에 안 들었는데, 사람이란 참으로 간사한 존재다. 두어 시간 땡땡이를 친 그 아이와 세 시간 내내 허벅지가 터지도록 종횡무진 아파트 단지를 돌아다닌 내가 똑같은 돈을 받을 것이라고 생각하니, 마음이 슬슬 돌아서기 시작했다. 그래, 어차피 사장님한테는 안 보이는걸.

양심을 조금씩 내던진 나는 곧 친구들을 따라 똑같이 듬성듬성 여러 장을 한 번에 붙이기도, 뭉텅이로 쓰레기통 깊숙이 버리기도 했다.

하지만, 이러나저러나 꼼수를 부리든 안 부리든 그렇게 내 양심을 버리는 일까지 하면서 벌 수 있는 돈은 고작 5,000원이었다.

'이럴 거면 다른 일을 하고 말지.'

그래서 다른 아르바이트를 찾기 시작했다. 당시 프랜차이즈 업계는 미성년자를 고용하지 않았다. 따라서 나는 시내에 있는 개인 카페의 문을 직접 두드려야 했다.

158cm, 42kg. 누가 봐도 비쩍 마르고 어려 보이는, 아담한 신체를 가진 내가 무턱대고 '미성년자도 아르바이트가 가능한가'에 대해서 묻자 사장들을 당황해했다. 면박을 주며 거절하는 곳도 있었고, 고등학교에 진학하면 일을 하라는 곳도 있었다. 아니, 나는 지금 당장 일을 해야 했다.

수십 번의 시도 끝에 겨우, 나는 일할 수 있는 카페를 찾았다. 물론 조건은 있었다. 시급 2,100원. 당장 나는 일이 급했기 때문에 시급이 적은 것 정도는 문제가 되지 않았다.(사실 최저시급을 꼭 받으면서 일을 해야 한다는 법을 잘 몰랐던 것도 있다.) 일단은 부모님께도 비밀. 엄마는 학생이 무슨 아르바이트냐며 뭐라고 하실 것이 뻔했고, 아빠는 단박에 사장님을 신고할 수도 있을 것 같다는 은근한 두려움이 있었다.

카페에서 일을 배우는 것은 즐거웠다. 일단 경력이 없다 보니 음료를 만들기보다는 서빙과 카운터 보는 것, 설거지, 매장 청소 등의 잡일을 먼저 배웠다. 다른 학교 학생들과 친분을 쌓기도 했다. 예상보다 돈을 버는 일이 손쉽게 느껴졌다. 하루에 세 시간씩, 일주일에 네 번이면 25,200원이다. 그렇게 한 달만 일해도 100,800원! 두 달 하고 조금만 더 일하면 내가 원하는 옙p2를 손에 넣을 수 있다!

"으앗, 뜨거워!"
"헉! 죄송합니다! 죄송합니다! 괜찮으세요?"

행복한 상상도 잠시, 일한 지 이제 겨우 일주일이 되었는데 사고를 쳤다. 4명의 손님이 시킨 음료를 쟁반에 올려놓고 급히 걷다 테이블 다리에 걸려 넘어지면서 모조리 엎지르고 만 것이다. 음료만 엎질렀으면 그나마 다행인데, 엎어지면서 유리컵은 산산조각이 났고, 손님 옷에는 음료가 튀었고, 테이블 다리에 걸린 소중한 내 다리는 접질리기라도 했는지 무척이나 고통스러웠다.

결국 부랴부랴 오신 사장님이 어수선한 상황을 정리해 주셨다. 깨진 컵은 잔당 4,000원씩 16,000원을 물어야 했고, 세탁비나 물건 배상비는 50,000원이니 먼저 변상하고 나중에 급여에서 차감하기로 했다.(그 변상의 과정은 전적으로 사장님을 믿는 수밖에 없었다.)

고작 일주일 일했는데, 무슨 일이든 시켜만 주시면 강단 있게 잘 해 보겠다고 큰소리를 뻥뻥 쳐 놨는데 일주일 만에 빚이 생겼다. 번 돈보다 갚아야 할 돈이 많아진 것이다.

'남의 주머니에서 돈 가져오는 게 쉬운 줄 아느냐'고 하던 엄마 말씀 틀린 게 하나 없었다.

일터는 놀이터가 아니었다.
즐거움만 존재하는 낙원 같은 곳은 더더욱 아니었다.

그날, 일을 끝내고 아픈 다리를 끌며 집으로 간 나는 엄마한테 알바를 시작했다고 말했다. 실수로 엎어져 그릇을 깨고 물건값을 변상해야 한다는 이야기는 하지 않았다. 엄마는 잠깐 한숨을 쉬었지만, 그만두라거나 쓸데없는 일을 한다는 둥의 말은 속으로 삼키셨던 것 같다. 나는 mp3를 향한 고되고 값진 여정을 계속할 수 있었다.

거기에 더해 답답한 학교생활을 벗어나 일을 할 수 있다는, 어린 나이에 일을 한다는 것에 대한 만족감과 자부심. 그것들이 묘하게 나를 설레게 만들었다. 일단 한번 시작한 일, 내가 끝장을 보고 말겠다.

***

"저, 사장님, 드릴 말씀이 있어요."

카페에서 일한 지 6개월이 되었다. 출근 일주일 만에 한 실수 덕분에 나는 더욱 빨리 성장했다. 공부에는 눈곱만치도 관심도 주지 않았던 내가 레시피 북의 레시피는 눈을 감고도 만들 수 있을 만큼 달달 외웠다.

"어, 뭔데? 말해 봐."

"솔직히 지금 손님도 많이 늘었고, 저, 일 빠릿빠릿하게 잘하잖아요. 시급 조금만 더 올려 주시면 안 돼요?"

매장 내 청결, 위생 관리는 기본이다. 카페 문을 열고 들어오면 자동 반사적으로 어떤 주문을 할지 포스기에 찍어 넣을 수 있을 만한 단골손님들도 꽤나 많이 생겼고, 직접 제조한 음료들은 맛있다며 근방에 소문이 은근히 났을 정도다. 사장님은 이제 나 혼자에게 매장 관리를 맡길 수도 있겠다며 처음으로 칭찬을 해 주셨다. 심지어는 화장실 청소마저 '어떻게 하면 이곳을 좀 더 빛나게 닦을 수 있을까'를 고민하던 정도였으니, 그 열정을 공부에 쏟았으면 지금의 곽나영은 존재하지 않을지도 모른다. 못해도 인 서울, SKY를 한번 노려 볼 수도 있지 않았을까.

"지금 시급은 2,100원인데요, 마을버스를 타면 500원, 하루에 왕복 1,000원이구요. 3시간 근무라 하루 5,000원이 남아서요."

"그렇지."

"그냥 억지 부리는 건 아니고요, 저, 그래도 6개월 동안 처음 일주일 때 실수한 것 말고는 알려 주신 대로 일 진짜 열심히 했거든요. 이젠 손님들도 저 많이 좋아하고, 저 통해서 새로 온 친구들도 많아요! 제가 홍보 더 열심히 해서 손님들 더 많이 많이 모아 볼게요."

어디서 그런 용기가 나왔는지 모르겠다. 맹랑하게도 손님을 더 끌고 올 테니 시급을 올려 달라며 당당히 요구하는 아르바이트생이 세상에 몇이나 되겠는가.

임금 인상에 대한 이야기를 하기 위해서는 사장님께 인정받아야 했다. 인정을 받고 있다는 확신을 가지기 위해 최선의 노력을 다했다.

"그래. 지금껏 나영이 고생 많이 했지. 교통비 정도는 더 남아야 일할 맛이 나긴 하겠다. 다음 달부턴 1,000원 올려서 3,100원으로 줄게."

말로 표현할 수 없을 정도의 감격이었다. 어린 나이에 처음으로 스스로를 위한 협상을 했고, 그 협상으로 쟁취해 낸 성과였다.

돈 1,000원을 올려 봤자 최저 시급에도 미치지 못하는 적은 금액이었지만, 그래도 내 손으로 돈을 벌어 원하는 것을 얻을 수 있다는 것이 만족스러웠다. 적은 시급에 연연하지 않는다. 이 작은 카페에서 쌓인 6개월의 경험은 나를 더 성장시켜 줄 것이었다.

인생의 첫 딜.
'내가 세운 목표를 성취했다'는 기쁨.

그것은 수많은 시행착오를 딛고 사업가로서의 인생을 살 수 있게 하는 기폭제가 되어 주었다.

미운 오리는 과연 백조였을까?

 '순응자의 인생'을 알고 있는가. '순응'의 뜻을 국어사전에서 검색해 보면, '환경이나 변화에 적응하여 익숙하여지거나 체계, 명령 따위에 적응하여 따름.'이라고 나온다. 어릴 때부터 반골 기질이 심했던 나는 태생적으로 '순응'과 맞지 않았다.

 상업 고등학교에 진학한 후, 학교에서 진행하는 취업 프로젝트로 대기업에 생산직으로 들어가게 되었다. 이름만 들으면 알 수 있을 만한 대기업이라 복지도 좋았고, 일은 어려울 것이 없었으며 당시 돈으로는 물론, 지금 돈으로도 고등학생이 받는 것이라곤 상상도 하지 못할 꽤나 거액의 월급을 받을 수 있었다.

그렇지만 나는 그 월급이 부족했다. 아무렴 그 나이에 얻는 그 금액이 물리적으로 부족했다는 뜻은 아니고, 마치 히딩크 감독이 '나는 아직 배가 고프다(I'm still hungry)'라고 말한 것과 같이 그냥 성에 안 찼다는 말이다.

고등학교 졸업 후 대학 진학을 목전에 두었을 때도 마찬가지였다. 주변 친구들은 모두 어떤 대학을 가야 하는지를 고민하거나 어느 곳으로 취직을 해야 하는지를 고민할 때, 나는 어떻게 하면 더 효율적으로 빠르게 성공할 수 있을지를 고심했다.

대학에 가서 공부를 지속하든, 이르게 취직을 하든 결국 종착점은 같다는 생각이 들었다. 근로자의 인생. 노동자의 인생. 누군가에게 고용되어 매달 같은 임금을 받으며 일하기는 죽기보다 싫었다. 시간은 하루하루 흐르고 있었고, 목표를 확실히 정하지 못했을 때 낭비되는 시간은 다시 붙잡아서 되돌릴 수 없기에 선택의 시간은 빨라야 했다.

나는 피겨 스케이팅을 못하게 된 초등학생 이후로 일관되게 성공을 꿈꿔 왔고, 그 성공을 위한 발판으로 대학이 필요하다고 생각하지 않았다. 이른 성공을 위해서는 무엇이든 빨리 시작하는 것이 좋지 않겠는가. 그래서 나는 과감히 대학교 진학을 포기했다. 흠, 포기라는 말은 잘 어울리지 않는 것 같기도 하다. 내던졌다는 말이 맞겠다. 그래, 나는 대학교 진학을 내던지고, 일찌감치 사회의 거센 풍파를 맞이하기로 했다. 또래에 비해 오버스럽도록 이른 나이였다.

'순응자' 대신 '개척자'로서의 삶을 살길 바랐다. 다른 누군가의 입김 아래서 어떻게 내가 원하는 바를 펼칠 수 있겠는가. 학교를 졸업하고 사회에 나가기 전 짧은 시간 동안, 나는 충분히 고민하고 걱정했다.

나는 '개척자'의 인생을 살고 있는 것일까?

아직까지 확실하게 답할 수 없는 질문이다. 100점짜리 인생은 없기에. 다만, 당시의 나는 결단코 개척자의 인생을 살고 있었다. 소중한 어린 시절의 추억들을 생각해 보면, 나는 결국 그 일들을 통해 지속적으로 성장하고 있었다.

 물론 처음 가졌던 목표는 단순했다. 아직 어리고 작은 머릿속에는 돈을 많이 벌고 싶다, 부자가 되고 싶다, 성공하고 싶다, 돈을 많이 벌어서 아무런 거리낌 없이 하고 싶은 것을 마음껏 하고, 누리고 싶은 것을 마음껏 누리고 싶다는, 그런 열망의 씨앗이 작게 불타올랐다. 부자가 되어 하고 싶은 것을 방해받지 않고 할 수 있게 되면, 인생의 행복을 모두 누릴 수 있을 것만 같았다.

 그러나 시간이 지나자 그 생각은 조금씩 바뀌었다. 돈만 많이 번다고, 부자가 되었다고 그것을 '성공했다'라고 말할 수 있을 것 같지가 않았다.

 나는 어떤 사람이 되어야 할까.
 곰곰이 생각했다.

 남들 앞에서 당당한 사람, 똑똑한 사람, 말을 잘 하는 사람, 아낌없이 줄 수 있는 사람, 능력 있는 사람, 부족할 것이 없는 사람이 되고 싶었다.

내가 적으면서도 염치가 없는 것 같다. 하지만 나는 내 이상향을 위해 최대한 노력하는 것이 최선이라고 생각했고, 정말 하고 싶은 것이 많은 욕심쟁이였을 뿐이다.

학창 시절, 보통의 친구들이 예쁘고 잘생긴 연예인, 아이돌 스타에 열광할 때, 나는 여성 사업가에 더욱 지대한 관심을 쏟았다.

'이 사람들은 어떻게 살아왔기에 지금의 인생을 살고 있을까?'

생각하는 대로 마음먹은 대로 행하는 인생들이 대단해 보이기 시작했고, 결국 생각만으로는 인생에 해답이 없구나를 깨달았던 나의 학창 시절.

나는 성장하고 싶었던 훗날의 내 모습을 무한대로 상상하며 내가 원하는 인생을 살기 위해 스스로 발품팔기를 지속적으로

행했다.

미운 오리는 과연 백조였을까?

2부

성공을 위한 인생 공략,

S.T.E.P.

첫 번째 STEP
부정 지옥에서 벗어나기

 돈의 어머니는 결단코 경험이라 생각한다. 인생을 관철하는 하나의 통념이라고도 생각한다. 어떻게 해야 끊임없이 위로 성장할 수 있는지를 물어보는 여러 사람들을 만날 때마다 내가 항상 하는 대답 또한 같다. 경험하세요. 그럼 그들은 되묻는다. 지금 저희가 하는 것도 경험 아니에요?

 맞는 말이다. 하지만 내가 말하는 경험은 조금 다르다. 일상생활 이상의 경험. 억지로, 그러나 유의미하게 만들어 내는 경험. 돈으로도 살 수 없는 값진 경험을 함으로써 인생의 다음 순간을 바꿀 수 있다. 눈앞에 목표를 향한 여러 갈래의 길을 만들고 선택지를 늘릴 수 있는 것이다.

억지로 만들어 낸 경험들이 쌓이고 쌓여 내 인생을 만들어 냈다. 그리고 그것은 돈을 불러들였다. 경험이 엄마라면 돈은 아이에 비유할 수 있겠다. 아이가 엄마를 따르듯, 경험을 통해 성공의 길을 찾아 걸을 수 있었던 나는 돈이라는 자식을 여럿 낳을 수 있는 길이 무엇인지 빠르게 파악할 수 있었다.

오해를 방지하기 위해 말해 두자면, 나는 돈만 밝히는 사람이 아니다.

여러 경험을 통해 자본주의 사회를 조금 일찍 알아 버렸고, 그랬기에 그 어린아이가 지금처럼 성장할 수 있었다는 것을 알아주시길 바란다.

여하튼, 이 세상에는 힘든 도전을 시작하는 사람들이 너무나도 많다. 나도 그중 하나이고, 이 책을 읽는 당신도 그중 하나일 것이다.

그렇게 힘든 도전의 첫발을 내딛는 기로에 서 있을 때, 당신이 어떤 선택을 하든 기억해야 하는 첫 번째는 모든 일을 긍정적으로 받아들여야 한다는 것이다.

백해무익은 담배만을 일컫는 말이 아니다.

'부정을 당연하게 받아들이기.'

그것이야말로 이로운 점이 하나도 없다. 부정적 시선의 단짝 친구는 '선입견'이다. 선입견이 이미 생긴 상태에서는 성공할 가능성이 점점 낮아진다. 이미 자신의 선택에 대한 의구심을 가진 상태에서 어떻게 성공을 바라볼 수가 있겠는가.

세상을 보는 폭이 좁아지면 그에 맞춰 꿈의 크기도 줄어든다. 눈앞에 다가온 기회도 놓쳐 버릴 수가 있는 것이다.

심지어 주변인들의 부추김도 선입견을 만드는 데 한몫한다. 그 관계가 가까울수록 부추김 공격의 칼날은 더욱 강력하다. 예를 들면 가족들의 걱정과 염려. 그것에 흔들리지 않을 수 있어야 한다.

부정의 지옥에서 벗어나면서 주변의 인정도 따라오기 시작했다.

자신의 결정을 믿고, 의심하지 말라.

마치 잘 감아 놓은 실타래가 손짓 한 번에 술술 풀리듯 잘 풀리는 일이 있는가 하면, 실패의 쓴맛을 느껴야 하는 경우도 많다. 줄곧 상하로 흔들리는 삶을 살아가면서도 포기하지 않고 끊임없이 긍정적으로 생각해야만 하는 이유는 무엇일까?

물론 어떤 일을 시도하기로 마음을 먹었을 때, '나는 네 편이야. 네가 하는 모든 일을 응원하고 믿어 줄게.'라고 옆에서 자리를 지켜 주는 고마운 사람들도 있다.

하지만, 힘든 시기를 끝까지 버티고 결국 성공을 쟁취할 수 있도록 가장 큰 힘을 불어 넣어 주는 것은 가족도 신랑도 지인도 아닌,

바로 당신 자신이다.

가능할까.
힘들겠지.
어려울 텐데.
못하겠어.
불가능해.

위와 같은 생각들이 무한한 가능성을 지닌 당신을 무기력하게 만드는 가장 큰 장애물이라는 걸 알아야 한다.
모든 부정적인 생각들을 끊어 내야만 당신이 원하는 일의 첫 시작을 현실로 만들 수 있다.

첫 번째 STEP
부정 지옥에서 벗어나기

1. 지금 꿈꾸고 있는 일이 있나요?

2. 당신이 들었던 가장 부정적인 말은 어떤 것인가요?

3. 직접 경험해 보지 못했던 타인의 인생에 선입견을 갖고 있지는 않나요?

4. 그 말과 생각들을 하나씩 지워 봅시다.

가까울수록 강한 공격이 온다

20세, 잠시 동안 다녔던 공장을 퇴사하고는 초대졸 졸업장이라도 따 두어야겠다는 생각에 2년제 대학교에 입학했다. 공부에 큰 관심을 가지지는 않았지만 졸업하기 전까지 방학마다 연수를 받고 자격증을 취득하기 위해 온 시간을 투자했다. 무엇이든 예나 지금이나 낭비되는 꼴을 두고 보지 못하는 성격 덕분이다. 짧은 시간이었지만 대학 생활을 하며 얻은 경험들 또한 버릴 것은 정말 하나도 없었다. 다만 졸업 후 22세, 갓 학생 신분에서 벗어나 홀로서기를 하려고 보니 모아 뒀던 밑천이랄 게 없었다.

사업은 해 보고 싶은데, 공무원 가정에서 자란 나는 가정이나 일터에서도 조언을 구할 수 없었고, 아직 대학 생활을 누리며 매일같이 부어라 마셔라 하기 바쁜 지인들에게서 사업에 대한 조언을 구하기는 당연히 더더욱 어려웠다.

밑천이 거의 없다시피 했기 때문에 초기 자금이 많이 들어가는 사업을 할 수는 없었다. 당시 내가 가지고 있던 돈은 1,000

만 원을 조금 웃돌았고, 그 정도의 돈으로는 가게를 낸다거나 내 소유의 사업장을 갖는 일은 꿈도 꿀 수가 없었다.

답답한 마음을 조금이나마 해소시켜 보고자 네이버 지식in을 통해 이것저것 조합해서 여러 개의 질문 글을 올렸다.

'소자본 창업 관련 질문드립니다.'
'20대 초반 창업 어떻게 해야 할까요?'

그렇게 올린 질문에 답변이 한두 개씩 올라오면 그걸 토대로 꼬리를 물면서 관련 사업을 검색했다. 다시 궁금한 게 생기면 문의하고, 또 거기에 대한 답변을 받고, 그렇게 2~3주를 꼬박 검색했던 것 같다.

그렇게 열심히 고민을 하던 경험이 있었기 때문일까, 신기하게도 지금은 빠른 길이 훤히 보이는데, 그때는 완전히 까막눈이었다.

얼마간의 고민을 거친 끝에 온라인 쇼핑몰 사업을 하기로 했다. 내가 가진 자본으로 도전할 수 있고, 집에서 할 수 있는, 그러니까 재택근무가 가능한 직종을 고심하고 또 고심한 결과였다.

사입비(상거래를 목적으로 물건 따위를 사들이는 데 필요한 비용)를 최소화하고자 동대문 밤시장을 들락거리며 샘플을 구매했고, 구매한 샘플을 바탕으로 공장과 협력하여 저비용에 생산이 가능한 루트를 찾았다.

무료로 이미지를 사용하고 주문이 들어오면 검수와 택배 작업, 넓게는 CS 관리까지 모두 맡아서 해 주는 곳이었다. 몇 날 며칠을 밤을 새우며 방법을 찾고자 노력했던 나의 고집은 그래도 결실을 맺었다.

그렇게 큰돈을 들이지 않고 사업을 시작했으니 적자가 날 것도 없었다. 들어오는 수익이 고스란히 흑자로 돌아왔다.

2~3주 동안은 잠도 잘 자지 못했을 만큼 발품을 팔며 열심히 준비했다. 그 덕에 나의 작고 소중한 첫 쇼핑몰이 어느새 완성

되어 있었다. 호스팅, 도메인, 결제 시스템까지 모두 연결하고 보니 당장 첫 판매가 이루어져도 이상할 게 없는 어엿한 사업장이 되었구나 싶었다.

그런데 첫 사업장 오픈의 기쁨을 함께해 줄 사람은 없었다. 처음 시작할 때는 누구나 그렇듯 나도 두려웠고, 주변인들을 포함해 가족조차 두려워했다. 온라인 쇼핑몰 사업을 하는 것은 난데, 괜히 주변에서 더 호들갑을 떨었던 것 같다.

쇼핑도 좋아하지 않는 애가 갑자기 쇼핑몰 사업이라니, 걱정스런 이야기만 늘어놓던 지인들.

5년 만에 모집 공고를 올린 회사에 떡하니 합격해 놓고는, 미래와 정년이 보장된 그곳을 1년 만에 퇴사하고 사업을 한다니 철이 덜 들었다며 혀를 끌끌 내찼던 부모님.

낮이고 밤이고 컴퓨터 앞에서 깔짝거렸던 내 모습이 거슬렸던 엄마는 결국 내게 입을 대셨다.

"허구한 날 컴퓨터 앞에 앉아 있는다고 해서 뭐가 나오니?"

가까운 사람들일수록, 오히려 가족일수록 나의 도전을, 내 성장을 더욱 무겁게 압박해 왔다.

물론 그분들의 걱정스런 말 한마디 한마디는 내가 잘되길 바라는 마음에서 나왔다는 것을 안다. 그 마음이 세상에서 가장 컸다는 것 또한 잘 안다.

하지만, 그 시기에 나는 걱정보다는 진심 어린 응원 한마디가 간절했다.

주변의 응원을 바랄 수 없었기에, 나는 나 스스로에게 성장을 멈추지 말라고, 아낌없는 격려와 응원을 지속적으로 해 주었다.

당시 사업 아이템은 신발이었다.

의류가 아닌 신발을 주 아이템으로 미는 쇼핑몰을 한다는 것에 지인들은 모두 의아해했지만, 그것은 나름 계산된 선택이었다.

당시 이름만 말해도 다 알 만한 대형 의류 쇼핑몰들이 이미 옷으로는 시장을 꽉 잡고 있었던지라 소자본으로 시작해야만 했던 내가 대형 쇼핑몰들과 부딪혀 경쟁해봤자 좋을 게 없었기 때문이다.

'쇼핑몰 하나 잘 키워 잘 먹고 잘 살아야지'와 같은 가벼운 마음으로 시작한 사업이 아니었기에 나는 다른 선택을 해야만 했던 것이다.

나는 무에서 유를 만들어 내는 사업가의 인생을 동경했었다. 훗날 큰 사업을 운영하게 되더라도 지금의 경험이 빛을 발할 때가 올 것이라는 확신 하나로 도전했던 사업이었다.

그리고 두려움과 실패할 가능성을 딛고 도전해서 이루어 낸 결실은 생각보다 굉장했다.

많은 시행착오와 우여곡절이 짧은 시간 동안 지나갔다.
그렇게 어떻게 하면 좀 더 많은 사람들을 내 쇼핑몰로 유입하게 만들 수 있을까 고민하며 길을 찾아가던 어느 날, 월 300개 이상 업로드 했던 상품들 중 2개의 신발이 '노출'되어 효자 상품이 되었다!

몰 오픈 2개월 만에 월 매출 5천만 원을 달성하고, 일 방문자 수가 2만 명이 넘어가는 초대박 경험을 하게 된 것이었다.

우선 시기와 흐름을 잘 탄 것이 관건이었다. 당시 여성 패션 플랫폼, 이른바 버티컬 커머스 플랫폼으로 등장하게 되었던 '지*재그', '브*디'와 같은 애플리케이션에도 입점하며 매출은 지속적으로 상승했다.

실 투자금 약 1천만 원은 사업을 시작한 지 2개월도 안 되어 모두 회수할 수 있었다.

'버티컬 커머스'. 버티컬 커머스란 여러 카테고리 상품을 다양하게 갖춘 종합몰과 달리, 특정 카테고리를 전문적으로 다루는 플랫폼을 말한다. 위에 서술한 플랫폼들은 그 주요 카테고리가 여성 패션이었다. 지금이야 여성 패션을 제외하고도 뷰티, 주얼리 등 여러 카테고리가 추가되었지만, 초기에는 완전히 여성 패션만을 집결해 놓은 완전체였기 때문에 입점을 위한 경쟁이 뜨거웠다. 더군다나 신생으로 출발하는 플랫폼들의 이

벤트 공세는 대단했다.

'쉴 틈 없이 달렸던 몇 달의 시간 덕에 이렇게 기쁨을 만끽하는 때가 오는구나.'

투자했던 사업이 수익으로 돌아오니 더할 나위 없이 행복했다. 결국 해냈다는 성취감이 마음에 가득했고, 말로 표현하지 못할 만큼 기쁨에 마냥 젖어 있었다.

'이렇게 주문이 계속 들어온다면, 편하게 놀면서도 쉽게 돈 벌 수 있겠는걸?'

너무 수월하게 일이 풀리니 조금씩 나태해져 갔다. 지금이었다면 절대 상상도 하지 못했을 위험한 생각이 들기 시작했다. 내가 무언가를 더 노력하지 않아도, 앞으로도 지금처럼 계속 주문이 들어와 곧 돈방석에 앉게 될 것이라는 자만한 마음까지 들었다.

- 띠링.

'○○은행 - 876,980원(○쇼핑)' 입금 메시지다. 이제는 휴대폰을 울리는 진동 소리만 들어도 가슴이 두근두근 설렌다. 좋아, 기분이다. 오늘 2차 술값은 내가 내겠다.

"오늘 2차는 내가 쏠게!"
"진짜? 나, 그러면 양주 시킨다?"

아는 언니들과 오랜만에 만난 모임자리였다. 2차를 쏜다고 하니 언니들이 환호했다. 나 그러면 양주 시킨다? 나영아, 얘 봐! 지금 이거 먹겠다는데?

언니들과 늦은 시간까지 술집을 가고 번화가를 돌며 놀고 있어도 주문은 끊임없이 들어왔다. 컴퓨터 앞에 죽치고 앉아 있지 않아도, 손톱 물어뜯으며 전화를 돌리지 않아도, 정말 아무것도 하지 않아도 판매 수익은 차곡차곡 내 통장에 안착했다.

6개월이 지나도록 매출은 떨어지지 않았고, 지속적으로 상승 곡선을 그려 나갔다. 이제 매출은 월 5,000만 원에 육박했다.

믿을 수 없었다.

갓 사회에 진입한 새파란 어린 초년생 촌뜨기가, 사업 시작 6개월 만에 흑자 전환을 했다고 해도 놀라울 판에, 그걸 넘어 이미 거액의 매출을 올리게 된 것이다.

말로 표현할 수 없을 만큼 행복했다. 이대로 돈방석에 앉아 돈이 주는 행복을 누리면 될 것이라고 생각했다. 하지만 망할 가능성은 언제나, 어느 곳에나 존재하는 것이었다.

***

사업은 계속해서 승승장구했다. 그러나 거기까지였다. 최고 매출 5,000만 원을 찍은 그 다음 달부터 하락은 시작이었다. 최고 매출을 찍기까지는 계단을 오르듯이 성큼성큼 성장해 갔지만 그만큼 그 계단에서 추락해 내려오는 속도는 걷잡을 수 없을 만큼 굉장했다.

시작은 상품 수량의 부족이었다. 나는 매출의 성장에만 신경이 쏠린 나머지 받아들이는 주문 수만큼의 재고 수량이 받쳐주지 못한다는 사실을 눈치채지 못했다.

쇼핑몰에서 가장 주력으로 밀던 상품은 롱부츠 제품이었다. 중국 oem(Original Equipment Manufacturing - 주문자의 상표를 부착하는 위탁 생산 방식) 생산 제품으로 국내에 들어오기까지 시일이 조금 필요한 상품이었는데, 주문 수량이 재고 수량을 뛰어넘어 버리니 결국 배송까지의 시일이 점점 늘어났다. 길게는 15일에서 20일까지 기다려야 했으니, 빨리 빨리의 민족 한국인이 그 긴 시일을 참을 수 있었겠는가.

결국 기다림을 견디지 못한 소비자들이 주문을 취소하는 일이 빈번히 일어나기 시작했다.

결국 나는 주문 공장을 바꿔야 했다. 주문처를 중국에서 국내 공장으로 바꾸었지만 거기서도 문제가 발생했다.

"그게 무슨 말씀이세요, 마진 못 맞추신다니요?"
"나영 씨도 아시겠지만 이 제품, 국내에서는 이 마진에 못 만들어요. 인건비도 안 나온다니까?"

마지못해 바꾼 제조업체에서는 마진을 못 맞춰 준다며 계약에 퇴짜를 놓았다. 제품을 들여오는 도매가 자체가 비싸니 자연스레 상품의 가격도 올라갔다.

인터넷을 조금만 뒤져도 시기별 최저가부터 할인율이 가장 높은 상품 순으로 주르륵 나오는 마당에, 가격에서부터 후순위로 밀려 버린 상품은 치열한 브랜드 경쟁에서 이미 탈락이었다.

엎친 데 덮친 격이었다. 하강 곡선을 보이는 매출을 다시 올리기 위해서는 한 가지 선택을 해야 했다. 도매가가 저렴한 상품을 찾아 판매 가격을 조금이나마 낮추느냐, 아니면 지금이라도 공격적인 마케팅을 할 것이냐. 나는 전자를 택했다.

결과적으로는 아주 잘못된 선택이었다. 그나마 상품을 찾아 들어오는 입구였던 상단 노출에서 물건이 빠지자 그 물건을 찾는 사람은 더욱 없어졌고, 매출은 점점 줄어들었다. 이제 내

손에 들어오는 돈은 매달 300만 원에서 400만 원 사이를 왔다 갔다 했다.

뭐, 주위에서는 그 정도면 다른 사람에 비해 성공한 것 아니냐는 둥, 이미 그 정도로도 많이 벌고 있는 것 아니냐는 둥, 젊은 나이에 너무 욕심을 크게 내면 안 된다는 둥 여러 가지 말을 얹었다. 하지만 나는 아니었다. 남들에 비해 내가 많이 번다고? 아니, 전혀. 나는 새벽에 자고 새벽에 일어나 출근을 해서는 밥 먹는 시간 30분이 아까워서 커피를 끼니 삼아 일을 하고 있는데 '고작' 이만큼을 벌고 있는 것이다. 내가 일하는 시간을 최저 시급으로 환산해도 지금 달마다 버는 금액보다 훨씬 많이 들어왔을 것이었다. 이건, 내가 생각했던 성공이 아니었다.

잠도 자지 않고 일을 했다. 내가 자는 시간을 줄이면, 그 줄여진 시간만큼 내게 성과가 돌아올 것이라 생각했다. 하지만 그러지 않았다. 자는 시간을 하루 5시간에서 3시간까지 줄였는데도, 눈뜨면 바로 컴퓨터 앞에 앉아 자기 전까지 끼니를 거르면서 상품을 올리는 데도 한 번 떨어진 매출을 다시 올리기는 쉽지 않았다.

이번 낭패 원인 또한 주력 상품이 문제가 되었다.

'이럴 수가 있나…?'

힘든 시기를 꿋꿋이 버티다 보니 겨울이 지나 봄이 되었다. 시간이 지날수록 조금씩 평균 매출이 고정되기 시작했다. 어느 정도 위치를 잡았으니 상승폭이 줄어드는 것은 이해한다. 한 매장에서 낼 수 있는 벌이에는 한계가 있으니 말이다. 그래도, 이건 아니지 싶었다.

옷과 구두를 도매로 싸게 들여와 모델 촬영을 하고, 쇼핑몰에 업로드하고, 버티컬 커머스 플랫폼 프로모션 이벤트에 날을 맞춰 정보를 등록시켰다. 항상 하던 것을 그대로, 똑같이, 오히려 예전보다 더 능숙하게 하고 있는데 무엇이 문제였을까.

매출의 가장 큰 부분을 차지하는 1등 효자 상품은 겨울용 털 슬리퍼였는데, 이게 겨울에는 물량을 아슬아슬하게 겨우 맞출 정도로 잘나갔다. 굳이 밀어주지 않아도 알아서 매출의 반절을 책임져 주니 나는 구매 확정 후의 입금 알림만 기다리면 되었다.

그런데, 시간이 흘러 이제 추위가 가시고 봄이 오니 사람들은 더 이상 겨울용 털 슬리퍼를 필요로 하지 않았다. 아무래도 계절상품이라는 게 모두 그렇지 않겠는가.

패션계는 항상 두 발 정도 앞서 있어야 한다. 겨울이 절정에 다다라 사람들이 슬슬 롱패딩과 두툼한 스웨터 그리고 기모 안감의 바지를 장바구니에서 꺼내 결제 버튼을 누르기 시작할 때, 쇼핑몰은 이제 W/S 시즌을 지나 다음 연도 S/S 시즌을 대비해야 한다. 소비자들에게 주력으로 들이밀 만한 대표 상품을 선정해 놓고, 지금 뜨고 있는 효자 상품의 뒤를 이어 꼬리를 물고 다음 효자 상품이 될 콘텐츠 세우기(일명 꼬리 물기)를 해야 한다는 말이다.

지금껏 짧게 한철, 길어야 두 계절 정도 사업을 해 온 내가 무엇을 알았겠는가. 꼬리 물기에 실패하자 매출은 다시 하락세를 보였다. 이번 도전마저 실패할 수는 없는 노릇. 나는 또 열심히 개인 시간을 줄여 가며 상품을 업로드했다. 홍보가 부족하다면 돈을 들여서라도 홍보를 하겠다. 열심히 홍보하고 하던 대로 제품을 올리다 보면 어떻게든 위기는 지나갈 것이라 생각했다.

한참 잘 먹고 잘살 일만 남았다고 생각했는데, 잠깐의 행복인 줄 모르고 내리막을 대비하지 못했던 나의 온라인 사업은 애써 투자했던 시간들이 아쉬울 만큼 원점으로 돌아가 있었다. 결국, 사업을 쉬운 돈벌이로 착각했던 얄팍한 내 마음은 공들여 만들어 낸 성공의 꿈을 무색하게 만들었다. 그래도 나는 이 정도로는 첫 사업을 포기할 수 없었다. 포기하고 싶지 않았다.

부족한 부분이 있다면 경험으로 채워야겠다고 생각했다. 위기를 탈피할 방법은 없을지, 검색창을 열고 새벽 시간을 활용해 정보의 바닷속을 누볐다.

어떻게 해야 죽어가는 사업장을 다시 되살릴 수 있을까? 꽤나 오랜 시간 동안 고민하고 정보를 찾으며 내린 결론은 '오프라인 매장을 운영해야 한다'는 것이었다. 온라인 쇼핑몰만으로는 넘지 못하는 한계가 있음을 느꼈다. 매장 운영을 병행해 보자는 생각이 들었다.

하지만 나는 쇼핑몰 운영을 한다고 했을 때 주변 사람들이 '아서라'며 손사래를 쳤을 만큼 쇼핑에는 관심을 두지 않는 사람이다. 지금 어느 정도 운영하는 법을 알 것 같은 신발 가게를 밀고 나아가야 하는지, 아니면 무난히 팔릴 만한 의류로 종목을 바꿔야 하는지 무척이나 고민했다.

고민의 끝은 쉬웠다. 하나만 선택할 수 없다면 옷과 신발을 같이 팔면 되지.

능력의 과신은 몰락을 부른다

세상은 내가 생각한 대로만 흘러가지 않았다. 온라인 몰을 운영하며 오프라인 매장까지 오픈해 두 개의 사업을 함께 병행하니 생각보다 더욱 힘들었다. 상품 업로드만으로도 하루가 벅찼다. 시간이 지날수록 오프라인 매장 고객의 진상도 또한 점점 올라갔다. 정신적인 스트레스도 그를 따라 점점 올라갔고, 매장 문을 닫는 시간을 기다리게 되는 지경에 이르렀다.

모든 일을 혼자 해결하려 했으니 그게 되나. 사람을 쓰는 법을 몰랐던 나는 직원을 고용함으로써 나가게 되는 비용이 아까웠다. 간간히 파트타임 아르바이트생을 통해 시간적 여유를 벌어도 그것에는 한계가 있었다. 일차원적인 생각이었지. 사람이 가져올 수 있는 기회비용을 무시한 채 당장 눈앞에 있는 손해만 바라보았으니 말이다. 시장을 잘 읽을 수 있는 사람을 고용했다면, 내가 한철 효자 상품으로 우왕좌왕하는 동안 흑자를 낼 만한 다른 상품을 발굴해 '꼬리 물기'에 성공했을 것이었다. 홍보에 더욱 집중할 수 있을 것이었고, 혼자 정신적 스트레스를 받으며 상품 업로드와 프로모션 진입에 전전긍긍하지도 않았을 것이다.

1인 사업장을 운영하는 자영업자의 마음이 어떤지 나는 잘 안다.

수많은 고민과 걱정거리가 있겠지만, 그중에서도 가장 큰 고충을 하나 뽑자면 결국은 '혼자'라는 것이다. 잘 될 때도 혼자, 안 될 때도 혼자.

나는 사업이 성장해 갈 때 그 성공에 혼자 도취해 있었다. 사업이 더욱 크게 번성할 수 있도록 직원을 더 고용해 꾸려야 했는데, 당장의 지출에만 온 신경이 쏠렸다. 고생하며 번 내 피 같은 돈을 애꿎은 곳에 쓰고 싶지 않다는 생각이 컸다.

첫 시작이 좋았고, 혼자 만들었던 고생길이 결국은 꽃길이 된 것처럼 보였으니 대단한 착각을 했던 것이다. 리스크가 생겨도 '돈을 버는 것도 나 혼자고, 돈이 나가는 구멍도 나 혼자니까'라며 감당 가능한 선에서 지출을 메워 넣었다.

나의 사업 방식대로 운영할수록 점점 지출이 늘어났다. 마치 수렁에 빠져들어 가는 꼴이었다.

초반에는 주어진 시간과 돈과 상품을 다루고 이용하는 데 서툴렀다면, 이번에는 사람을 다루고 이용하는 데 서툴렀기에 실패한 것이라는 생각이 들었다. 여러분은 고급 인력을 고용하는 데 자본을 아끼지 말라.

인력은 모든 일의 근본이다. 새로운 기술, 새로운 기계, 새로운 방식, 새로운 계획. 모두 사람이 하는 일이다. 장사 또한 사람이 필요하다. 시간과 공간의 제약에 따라 사람이 홀로 경험할 수 있는 총량은 어느 정도 정해져 있기에, 그 모자라는 경험을 채워 줄 '다른 사람, 다른 전문가'가 필요한 것이다. 모든 일에서 사람이 차지하고 있는 중요성을 안다면, 나와 같은 좌절을 겪지는 않을 것이다.

실패할 가능성을 줄여 나가는 것은 쉬운 일이 아니었다. 실패를 고스란히 겪어 봐야, 그 길로 다시 돌아가지 않으니까 말이다. 그러나 그게 낫다. 한 번 낭떠러지로 떨어졌던 길에 공연히 재진입해서 다시금 낭떠러지로 떨어지는 것보다는.

직원이 귀한 줄 그때는 몰랐다.
사람이 귀한 줄 알지 못했다.

나가는 돈을 아낀다고 해서 부자가 되는 것이 아니라, 들어온 돈을 잘 사용할 줄 알아야 부자가 된다는 것을 그때는 몰랐던 것이다.

나는 발품 팔아 시작한 소자본 사업을 통해 인생에서 가장 큰 깨달음을 얻었다.

사람이 가장 큰 재산이라는 것.

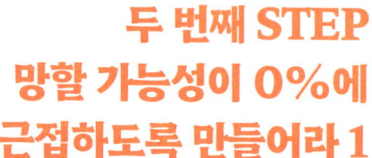

두 번째 STEP
망할 가능성이 0%에
근접하도록 만들어라 1

온라인 쇼핑몰 사업에서 경험한 나락 한 번,
오프라인 매장을 오픈한 후에도 또다시 나락 한 번.

내 인생은 결코 쉽지 않았다. 하지만 분명한 것은 지금의 나는 과거보다 훨씬 나은 삶을 살고 있다는 것이다. 매장을 오픈하기 전 온라인 몰에서 실패한 뒤 "나는 사업이랑 맞지 않았네."라며 끝내 버렸다면, 현재의 내 모습도 존재하지 않을 것이다.

고등학생 시절, 잠깐 들어가 일했던 공장에서는 주 5일 동안 하루 8시간의 근무를 하면 통장에 달마다 따박따박 300만 원이라는 금액이 찍혔다. 하루를 꼬박 투자해 밤을 새워 가며 발품을 팔고 그 시절 기울였던 노력의 두 배, 아니 세 배 네 배를 기울이고 있다. 많이 벌어 봐야 그때 받았던 돈의 1.5배를 버는데도 내가 이 일을 계속 해야만 하는가, 하는 생각이 들었다.

그 생각이 들었을 때, 그때 내가 사업을 그만뒀더라면. 다시금 공장으로 돌아가 월급을 받으며 사는 삶에 만족했더라면. 그러면 지금의 나는 어떻게 되었을까. 지금 이렇게 성장한 내가 존재할 수 있었을까? 나는 아니라고 생각한다.

※※※

오프라인 매장을 오픈하기 전, 나는 온라인 쇼핑몰 말고는 아무것도 모르는 레벨 0의 상태나 마찬가지였기 때문에 실전에 대한 연습이 필요한 상태였다. 특히나 의류 매장을 운영하는 데에 꼭 필요한 기본 지식(원단 재질 가늠하기, 상세 치수 확인하기, 사업상 필요한 단어, 호칭 등)에 대해서는 거의 백지상태나 다름이 없었다.

내가 실패한 이유는 체계적이지 못했기 때문이다. 문제가 닥쳐올 때마다 나는 속수무책으로 쓰러졌다. 그래, 나는 세상을 너무 쉽게 바라보았다. 도전하는 것마다 성공에 성공을 거듭했으니까, 너무 믿었던 것이다. 배움이 부족한 것이었다. 배우면 된다. 배우자! 경험이 바로 돈을 낳는다. 경험을 쌓아 보자. 전과 다른 경험이 또 필요해졌다.

그러기 위해선 터닝 포인트가 필요했다.

결국 홀로 사업을 운영하기엔 아직까지는 자질이 부족했던 것이다. 그것이 내 실패의 원인이라고 생각했던 나는 곧바로 내 온라인 쇼핑몰 운영에는 지장이 없으면서 의류 사업까지 배워볼 수 있는 곳을 찾기 시작했다.

당시 우리 지역에는 굉장히 유명한 오프라인 옷가게가 있었다. 입소문만 듣고 멀리서도 찾아오는, 그런. 서울이야 당연히 동대문이든 명동이든 패션의 메카, 패션의 중심지라고 할 만한 곳들이 몇 있고, 그들이 한철 패션 유행을 선도하지만 울산은 다르다. 당시 울산에는 '패션의 인프라'라고 부를 수 있을 만한 곳이 없었기에 서울에서 바로 가져오는 감각적인 옷들이 가득한 그 옷가게는 이름을 알릴 수밖에 없었다.

때마침 유명 구인 구직 사이트에서 그 옷가게의 구인 광고를 보았다.

나는 망설임 없이 해당 업체 대표의 전화번호를 저장하고는 그 옷가게를 찾아갔다. 중학교 2학년 시절, yp-p2 mp3를 가지고 싶어 미성년자에게 아르바이트를 시켜 줄 시내 카페를 찾아 들락거리며 일자리를 구했던 것처럼, 막무가내로 들어가 사장님을 보았다. 40대 중반쯤 되어 보이는 남성분이었다.

중년 남성이 운영하는 여성 옷가게라니, 익숙지 않은 조합은 새로워 보였다. 심지어 그런 가게가 대성하고 있으니 그곳에서는 배울 점이 많아 보였다. 나는 곧바로 면접을 보고 싶다는 내용을 담은 문자를 남겼고, 곧 그를 면접 자리에서 만날 수 있었다.

"안녕하세요, 저는 온라인 쇼핑몰 ○○를 운영하는 곽나영이라고 합니다."

'쇼핑몰을 운영하는 사람이 이곳에는 무슨 일로 왔는가'를 물어보고 싶어 하는 듯 보였던 사장님의 표정을 무시하고는 냅다 질렀다. '저 이곳에서 일하고 싶습니다. 많이 배우고 싶어요. 제가 도움이 될 일이 있다면 열심히 해 보겠습니다. 꼭 채용해 주세요.'

총알같이 와다다 말을 쏟아 놓고는 입을 굳게 다물고 눈치를 살짝 보며 자리를 지켰다. 어버버 당황하던 사장님의 표정이 아직도 눈앞에 선연하다.

"나영 씨는, 우리 숍을 위해서 뭘 할 수 있는데요?"
"사장님, 혹시 월 매출은 얼마나 나오세요?"
"월 매출은 평균 2억 정도 나와요."

"저는 여기서 옷도 많이 구매해 봤고, 인기도 대단한 곳이라 관심을 많이 가지고 있었습니다. 한 가지 아쉬웠던 것은 온라인 쇼핑몰이 없다는 것이었어요. 구매하고 싶은데 시간이 나지 않으면 아예 접근조차 할 수가 없으니까요. 온라인으로 오프라인과 동시 판매를 하시면 매출이 훨씬 많이 늘 겁니다. 맡겨 주시면 제가 도움이 될 거예요."

신발 쇼핑몰 운영도 지속하며 일을 볼 수 있는 곳이었기에 나는 무조건 이 가게를 통해 내게 부족했던 운영 자질을 채워야 했었다.

사장님께 신뢰를 주기 위해서 빠른 시일 내에 성과를 나타내 보여 주는 수밖에 없었다.

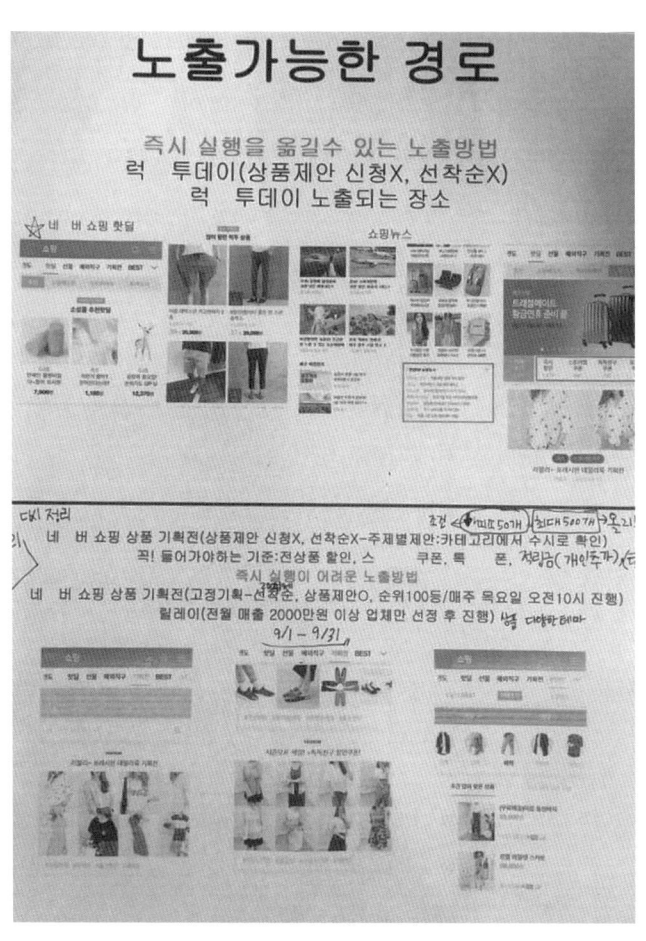

스토 팜/스 일원도 노출가능한 경로

즉시 실행을 옮길 수 있는 노출방법

럭 투데이: 상품제안 신청 할 필요 없으며, 선착순 기다릴 필요 없다.
1. 업체당 상품 1개 등록 가능-> 최소 3일~14일 유지o
2. 상품 진행 중 다른 상품으로 변경 가능.(검수기간 단축시키려면 다른 인기상품들로 미리 등록해두고 검수되게끔 한다.)

(럭 투데이로 노출되는 여러가지 경로)
럭 투데이 진행->네 버 핫딜->로직 힘!->네 버 쇼핑 1페이지 내에 노출가능.
(유료광고는 아니지만 유료광고 근처에서 노출 가능/ 명확한 노출장소는 알 수 없음.
노출 경로는 바뀔 수 있으며 인기순,최신순,구매순으로 노출 될 가능성 높음)

주제별 상품 기획전(등록된 상품 최소50개 이상 ~ 등록 가능한 상품 최대 500개 이하)
: 상품제안 신청 할 필요 없으며, 선착순 기다릴 필요 없다.
단, 전상품 할인, 스   찜 쿠폰, 록   폰, 적립금(4개 영역중 선택가능. 한번에 등록하는 상품들은 동일한 영역으로 선택되어야 승인가능하다.)

즉시 실행이 어려운 노출방법

상품 기획전 중 고정기획- 선착순o, 상품제안 넣고->심사->순위100등 내에 해당되어야 한다.
진행 업체 모집기간: 매주 목요일 오전 10시 진행/ 대기인원이 많아서 빨리 마감되니 서둘러 해야한다.

릴   세일 프로모션 (전월 매출 2000만원 이상 업체만 선정 후 진행)

1. 빌 세일은 전월 매출 (2천만원 이상)이여야 하고, 대표상품 1개 이상 [자체제작] or [단독판매] 상품이여야 합니다.
2. 빌 세일에 관련된 모든 제안은 빌 세일 기간동안 진행할 수 있는 행사내용이여야 합니다
   (현재 진행중인 행사 보다 추가할인이 가능한 내용을 제안 해야함)
3. 빌 세일은 행사기간동안 아래 혜택에 무조건 필수로 진행되어야 합니다.
   - 스토어 전상품 즉시할인
   - 스토어 전상품 무료배송
   - 톡   구 추가쿠폰
4. 제안하는 대표상품은 선정 이후 교체 불가
   - 대표상품은 제안하시는 할인율의 최대할인율이 적용되어야 하고,
   교체 불가한 사항이니 유념하시여 신중한 제안해주시길 바랍니다.
5. 최대할인율 반영 상품 진열상품 중 최소 10개 포함 필수
   - 대표상품 포함 10개 이상
   - 제안하시는 대표상품은 최대할인율 반영되어야 합니다.

아무런 준비가 되어 있지 않은 백지 상태나 다름없었기에 처음부터 끝까지 모든 것을 혼자서 해야 했다. 내게 주어진 도구는 '사업자 등록증' 딱 하나였다. 나는 사업자 등록증만 가지고 사이트 개설부터 상품 촬영, 홈페이지 등록, 예전의 경험을 살린 프로모션 노출까지 모든 일을 했다. 직접 모델이 되어 웹사이트에 올릴 상세 이미지를 촬영한 후 컨펌을 받는 것도 내 몫이었다. 심지어는 상품에 불만을 가진 고객들을 달래는 CS 서비스도 내가 해야 했다.

상품이 많으니 온라인으로 신발 사업만 했을 때와는 비교도 할 수 없을 정도로 바빠졌다.

- 상세 사이즈 알고 싶어요. 대략적인 거 말고, 진짜 실물 옷 줄자로 잰 거요. 배송 와서 재 보고 차이 조금이라도 나면 반품시킬 거예요.

이 정도면 양반이다.

- 놀러 갈 때 입고 나갔는데 친구들이 옷 재질 구리다고 함.

중국산 같다고. 모델이 입은 거랑 완전 다르잖아요, XX. 싸구려 느낌도 나는 것 같고. 이거 환불 안 해주면 공론화시킬 거임.

하….

- 아니, 오늘까지 온다면서요. 진짜 개빡치게 하네. 제가 이거 받으려고 여행을 하루 미뤘는데 이딴 식으로 장사해요?

어제 저녁에 주문하셨잖아요.

물론 속마음이 이끄는 대로 답글을 달 수는 없는지라 꾹꾹 눌러 참고 최대한의 친절을 이끌어 냈다. 상품 업로드와 홍보만으로도 바빠 죽을 것 같은데 고객 관리까지 전부 하려니 정말로 죽을 맛이었다. 그렇게 아등바등 노력한 지 두 달이 지나자 노력이 빛을 발하기 시작했다.

아마도 온라인 쇼핑몰 사업을 운영해 봤거나 현재도 하고 있는 분들은 잘 알 것이다.

2016년~2017년도 네*버를 통해 입점했던 스타일*도, 스*어팜이 얼마나 핫했는지를 말이다.

네*버가 발 벗고 나서 홍보를 도와주니 초기 입점자들의 사업장 매출이 직전 연도 대비 500%, 1,000% 이상 상승했다. 월 매출 5억 이상의 소규모 옷가게들이 점점 늘어나게 됐던 것이다.

때에 맞물려 당시 나를 포함한 3명의 온라인몰 직원들은 매장 내에 걸려 있는 모든 신상품들을 공장처럼 찍어 빠르게 업로드하고 그것이 자연스레 매출에 포함되도록 움직였다.

입점한 사업장들의 홍보를 지원하는 네*버만의 프로모션을 전략적으로 이용하며 빠르게 성장해 나갔다.

대표적으로 노출 이벤트가 있었다. 프로모션은 일주일 내내 요일별로 상품 하나하나에 대한 신청서를 받아 진행했다. 그 프로모션에 들어가기 위해 요일별 진행하는 일정에 맞춰(전국 동시 제안, 10초라도 늦으면 제안 마감) 상품 개요서와 제안서를 작성해서 넘겼다.

그렇게 플랫폼에서 진행하는 이벤트는 하루도 빠짐없이 전부 다 참여했다. 쇼핑몰에서 판매하는 모든 상품을 정리해서 프로모션에 넘기기 위해서는 하루 24시간이 모자랐다. 새벽부터 밤늦게까지, 방에 틀어박혀 컴퓨터만 붙잡고 있었다.

내 사업이 아니었지만, 내 사업인 것처럼 임했고 그렇게 판매 기술, 운영 기술을 새로이 습득했다.

기획전 당첨으로 인한 상단 노출의 효과는 대단했다. 대표 상품의 순위는 기하급수적으로 쭉쭉 올라갔다. 순위가 위로 올라가자 상단 노출은 자연스레 따라와 더 이상 프로모션의 도움 없이도 자연적으로 판매 이익이 생겼다.

게다가 일단 순위가 올라가 베스트 판매 상품이 되니 비슷한 상품을 모아 놓은 네○버 쇼핑 기획전 최상단에 랭크되는 기적적인 일까지 일어났다.

〈당시 쇼핑몰 관련 업무 사진들〉

옷가게 기획전 노출 체크리스트 캘린더

매일 업무 시간표

오프라인 매출만으로도 이미 지역에서 탑 자리를 유지하는 매장이었는데, 온라인 쇼핑몰을 오픈하자 그 관심은 상상을 초월했다. 울산에서만 팔리던 옷들은 이제 지역에 구애받지 않고 전국 팔도 방방곡곡으로 팔려 나갔다. 오프라인 매장에서의 매출은 별것 아닌 것처럼 느껴질 정도였으니 말이다.

짧은 시간이었지만, 의류 사업은 꿈도 꾸지 않았던 내가 도전의 빛줄기를 보게 되는 경험을 했다. 몇 달 일했던 동안 내게 강한 임팩트를 남겨 주었던 옷가게 사장님.

"거북이처럼 느리게 움직이지 말고, 초 단위 잘 세어 가면서 계획대로 움직여."

"원 단위 하나라도 틀림없이 확실하게 계산하고, 정확하게 보고해."

성격이 고약했던 사람으로 기억에 남아 있지만, 사업 운영을 위해 직원을 고용하고, 고용에 들인 비용만큼, 아니, 그 이상으로 다시 벌어들이며 시간을 체계적으로 활용했던 그 사장님 덕분에 나는 '매장 오픈'이라는 일을 실행에 옮길 수 있었다.

> 돈에 대한 이야기를 할 때는 원 단위까지 정확하게 계산하기.
> '대략적으로, 예상하자면, 아마도'라는 말은 삼가기.
>
> 계획을 짤 때는 구체적으로 실현 가능성 있게 짜기.
>
> 시간을 쓸 때는 시간당이 아닌, 분당 초당으로 정확하게 사용하기.

하지만 사업을 하는 데 있어서 가장 중요한 법칙인 인력, 직원을 잘 활용하는 노하우를 얻어내지는 못했다.

물론 온라인 쇼핑몰도, 오프라인 매장도 결코 적지 않은 매출을 올렸고 부족하지 않은 수익이 들어왔지만, 나의 첫 사업은 내 욕심을 만족시켜 줄 만큼 대단하지 못했다.

그래도 그 경험은 더 큰 사업을 위한 디딤돌이 되어 주었다.

도전은 새로운 도전을 낳고, 그것은 곧 성공으로 가는 지름길을 알게 할 것이다.

매장 오픈 후 의류 판매 + 몰 판매 병행

두 번째 STEP
망할 가능성이 0%에 근접하도록 만들어라

1. 예비 창업자이거나 사업자로서의 길을 걷는 당신은, 최소 10명 이상의 다른 사업자를 만나 보았나요?

2. 당신이 하고자 하는 사업 or 하고 있는 사업에서 성공한 사람들에게 사업에 대한 조언을 구해 보았거나 그들의 인생에 관심을 가져 본 적이 있나요?

3. 모방은 창조의 어머니라는 말에 대해서 진심으로 공감하나요?

두 번째 STEP
망할 가능성이 0%에 근접하도록 만들어라 2

경험이야말로 바로 인생 선배

제목에 대한 이야기를 좀 해 보자. '망할 가능성을 0%에 근접하도록 만들어라.' 부정 지옥에서 벗어나라는 말을 앞서 길게 늘어놓았는데, 이제 와서 망할 가능성을 배제하지 말라니, 이게 대체 무슨 말이냐고?

우선 해석이 틀렸다.

망할 가능성을 생각하고 겁에 질리라는 말이 아니다. 실패의 가능성을 회피하기보다는 직시하고, 그것을 0% 수렴하도록 차근차근 그 요소를 줄이라는 것이다.

그리고 그 모든 것은 경험에서 우러나온다.

23세 온라인 사이트로 시작했던 내 첫 사업은 중간에 잠깐 침체기를 겪었고, 의류 매장에서의 경험 덕분에 25세가 되었을 때는 옷과 구두를 함께 판매하는 매장까지 병행해서 운영할 수 있었다. 매장에는 파트타임 직원 2명과 정직원 1명을 고용했고, 늘어난 매출 덕분에 먹고살기에 지장이 없을 정도로 조금 더 벌게 되었다.

하지만 그럼에도 불구하고 나는 내 사업에 만족하지 못했다.

직원이 있더라도 사장의 할 일은 너무나도 많았다. 오전 10시에 출근해서 11시간을 꼬박 일한 뒤 저녁 9시에 퇴근했다. 퇴근하고 나서는 잠시 눈을 붙였다가 새벽 1시에 일어나서 4시가 될 때까지 밤 사업을 지속적으로 병행해 왔던 것이 가장 큰 문제였다.

주 6일 근무를 할 동안 매일같이 위와 같은 패턴으로 생활을 하니 몸도 마음 같지 않게 천근만근이 되어 갔다. 처음 사업을 시작했을 때와는 분명히 달랐다. 하루가 다르게 건강이 나빠지는 것이 느껴질 정도였다.

매월 노출이 잘 되어 사이트에서 상품이 많이 팔리더라도, 하루 종일 판매된 옷을 택배로 보내기 위해 포장한답시고 가게에 매여 있는 인생이 어느 순간부터 일의 노예가 된 것처럼 느껴졌다. 일하는 것이 마냥 즐겁지만은 않았다.

매장을 병행해서 총매출이 늘어난 것은 영구적이지 못했고, 그나마도 자리가 잡혔다고 생각했던 온라인 몰에서의 상품 경쟁은 가속화되어 너도나도 무료 배송에 단가 내리기 싸움을 지속했다. 악재였다. 인건비는 오르고, 물가는 상승하고, 판매가는 서로 내리기 바쁘고, 운영 유지 비용은 계속해서 늘어나고 있고….

마진율이 떨어지니 더 많은 상품을 기획전에 올려 하루에 몇 백 장을 팔아도 고생한 것 대비 남는 이윤이 적었다. 그에 따라 만족도 또한 점점 적어지기 시작했다.

도전해 본다고 이것저것 다 해 봤는데….
나는 심각한 고민에 빠졌다.

"적자는 아니다. 먹고살기에 지장은 없다. 하지만 이 사업을 오래 유지한다고 한들, 성공했다고 말할 수 있을까? 얼마를 남겨야 만족감을 느낄 수 있을까?"
"내 사업에서는 결국 뭐가 문제일까?"

앞만 보고 거침없이 달려오기를 지난 3년,
 미래를 생각하며 무작정 앞을 향해 즐겁게 달린다기보다는 멈출 수 없으니 마지못해 발을 앞으로 옮기고 있었던 것이 아닐까.

나의 진심을 돌아보는 시간이 필요했다.

첫 사업이라 꼭 온라인몰에서의 성장과 성공을 바라고 있었던 건 아닌지.

이 사업을 접는다고 하면 마치 공들인 사업장이 망한 것처럼 보일까 봐 두려운 건 아닌지.

뭐가 되었든, 지금까지 내가 얻었던 경험들은 모두 고스란히 내 것인데.

'20대 때는 수많은 경험을 얻는 것에 집중해 보자.' 했던 내 초심을 다시 찾아와야 했다.

3년이라는 시간을 끝으로 첫 사업을 미련 없이 그만두었다. 그래, 많은 경험을 얻었고, 시간을 금이라 생각하며 살아온 나였으니, 이제부터는 내 시간을 좀 더 의미 있게 써 보자.

'후회 없는 인생을 살기 위해, 그리고 전보다 더 나은 삶을 살기 위해.'

나는 전에 가질 수 없었던 매력적인 장점이 있는 일을 찾아야만 했다.

결정이 힘들 땐 마인드맵을 그려 보자

그리고 2018년 5월, 얼마 지나지 않아 나는 1년 6개월 동안 교제했던 남자와 결혼해 한 사람의 아내가 되었다.

'결혼'이라는 제도는 서로 다른 삶을 살던 남녀가 만나 정식으로 부부 관계를 맺고 하나의 가정을 꾸리는 것을 말하는 만큼 삶의 많은 부분을 변화시킨다.
인간관계도, 사는 공간도, 가족관계도, 그리고 그 이후의 사회생활도.

우리나라에서 결혼과 출산으로 인해 경력이 단절되는 여성들은 어느 정도 될까?

당장 내 주변만 둘러본다 해도 커플 열 쌍이 결혼을 하고 아이를 낳으면 그중 거의 반절 정도는 경력 단절 여성이 된다. 실제 통계를 보아도- 물론 점점 경력 단절 여성의 비율이 점차 줄어드는 추세라고는 하지만- 22년 기준 18세 미만 자녀와 함께 사는 경우 그 비율은 25%에 육박한다는 통계를 보았다. 아이가 어릴수록 그 비율은 높아지고, 그들 중 반절은 정말로 육아 때문에 경력이 단절된 여성들이다.

결혼을 앞둔 상황이 되니 나 또한 앞으로의 내 위치와 처하게 될 환경에 대해 불안감을 느낄 수밖에 없었다. 그것은 이미 기존의 내 삶에서도 큰 스트레스 요인이었다.

눈을 감고 있는 4시간을 제외하고는 하루에 20시간을 오롯하게 일에 쏟아붓는 일상을 보내며 몇 년 동안을 그렇게 살아왔지만, 결혼을 하게 되면 더 이상 그런 루틴으로 살아가기는 쉽지 않았기 때문이다.
더욱이 아이라도 생기게 된다면, 내게는 그나마도 꿋꿋이 버티며 이어온 내 사업을 접는다는 것 말고는 별다른 선택지가 없다고 느꼈다.

앞서 서술한 내 유년 시절을 보면 잘 알겠지만, 나는 누군가 아무 일도 하지 말고 집에서 놀라는 말을 한다면(아무렴 전업주부인 분들이 집에서 놀기만 한다는 말은 절대로 아니다.), 그 말이 세상에서 가장 지독하게 들린다고 할 사람이다.

한마디로 사회로 나가서 일하지 않고 집안일만 하는 전업주부로 살 성향은 못 된다는 것이다.

그렇다고 내가 가장 사랑하는 남자와 결혼한 후에도 종일 일만 하느라 같이 시간도 보내지 못하고 외롭게 살게 하고 싶지는 않았다. 연애를 할 때도 서로가 서로의 삶을 살기 바빠 제대로 된 즐거운 추억을 하나 못 만들면서 지내왔는데, 결혼을 한 뒤에는 추억을 만들어 가며 나와 남편을 닮은 예쁜 아이도 낳고, 가족끼리 즐겁게 여가 생활도 즐기며 살 수 있길 바랐다.

나는 머리가 복잡할 때 습관처럼 마인드맵을 그린다. 내가 잘 하는 것, 내가 정말로 원하는 것, 매우 싫어하는 것, 현재 내게 가장 필요한 것, 내가 포기할 수 있는 것 등등을 적으며 가지를 치고 있으면 안개가 걷히고 풍경이 깨끗이 보이는 것처럼 생각이 조금씩 정리가 되는 듯하다.

결혼을 앞둔 어느 날 밤, 11시 정도의 늦은 밤이 되었는데도 퇴근하지 않고 홀로 가게에 남았다. 당시 건물은 중앙 제어 시스템이라 11시 이후에는 상가 전체 불이 소등되었다. 컴컴하게 불이 꺼진 가게에 작은 스탠드를 켜고 앉아 한참을 조용히 생각했다. 그리고 마인드맵을 그렸다.

〈결혼 전 마인드맵 간략〉

일 - 근로자 < 사업자
업무 시간 - 자유
업무 공간 - 자유
사적 모임 - 언제나
신랑을 위해 할 일 - 사업적 내조
수입 - 제한 없음(최소 부부 합산 월 1천만 원)
출산 - 최소 2년 후
주택 매매 - 출산 전 무조건
전세 금액 - n만 원(이후 형편에 맞게)
고정 지출 - 보험
전세 대출 이자
핸드폰 요금(매달 n만 원) 등 통신비
식비/ 관리비 등 주거비
저축(적금/ 연금)
사업 계획 - 남편과 함께? 각각?

예나 지금이나 늘 똑같은 마인드맵 사랑, 생각이 복잡할 땐 마인드맵만한 것이 없다.

한참을 종이에 끼적이며 마인드맵을 그리다 보니, 답답하게 속을 꽉 막고 있던 것이 조금씩 뚫리는 기분이 들었다. 보이지 않던 길이 조금씩 보이는 것 같았다.

간략하게 적은 마인드맵을 보고 또 보았다. 앞으로 어떻게 해야 할지 감이 잡혔다.

결혼과 동시에 나는 내 인생의 2막을 열게 될 것이고, 그에 따라 제2의 새로운 도전을 시작할 것이다.

내가 해야만 하는 일은 20대 초반 동안 쌓아 왔던 경험들을 토대로 남편과 함께할 사업에 도움을 주는 내조를 하는 것이었다. 따라서 개인적으로 내가 해야 하는 새로운 일은 시간과 공간에 제약을 받지 않는 일이어야만 했다.

그렇게 결론을 내리자, 복잡한 걱정거리 때문에 하루 종일

지끈거리며 무슨 일을 해도 집중이 안 되게 만들었던 머리가 조금은 나아지는 듯싶었다. 그때까지 찾지 못하고 있던 해답을 전부 찾은 기분이었다.

결국 나는 어떤 일을 하든, 무슨 삶을 살든, 내가 원하는 인생을 스스로 만들어 낼 수 있는 사람인데, 뭐가 두려워서 놓질 못하고 끙끙 앓고 있었는지.

"두려워 할 필요가 없다.
언제나 그랬듯. 또다시 새로운 일에 도전하는 것이니까.
새로운 길을 만들어 가는 것일 뿐이니까."

잠깐, 일과 사랑과 전쟁 이야기

자, 색다른 도전 욕구로 가득 차서 앞만 보고 내달렸던 25세 곽나영의 인생만 보면 숨이 턱턱 막힐 수도 있을 테니 잠시 쉬어 가는 타임을 가져 볼까.

뭐, 엄청나게 분위기를 환기시킬 만한 대단한 이야기는 아니고, 그냥저냥 그 나이대에 누구나 한 번쯤 경험해 볼 만한 사랑 이야기니까 말이다.

24세, 한창 여러 가지 복잡한 일들이 가득했던 사업 운영에

미쳐 롤러코스터라도 탄 듯 위로 치솟았다 아래로 내리꽂는 감정에 놀아나고 있었던 때다. 자기 전에 항상 하던 대로 내일은 얼마나 팔릴까, 내일은 몇 개의 상품을 업로드해야 할까, 내일부터 지○재○에서 프로모션을 한다고 했던가, 그런 생각을 하며 알람을 맞추기 위해 핸드폰을 눌렀다.

지잉~ 지잉~

갑자기 걸려 온 전화에 요동치는 휴대폰 화면을 보니 아는 언니다.

"어, 언니! 무슨 일이야?"
"어, 나영~! 요즘 많이 바빠? 사실, 다른 건 아니고 잠깐 부탁할 게 있어서…."

당시 언니는 요가 학원을 운영하고 있었다. 언니의 부탁으로 잠시 일을 도와주러 팔자에도 없는 요가 학원에 출근을 했다. 그곳에서 나는 언니가 만나고 있었던 분과 그 친구분이 수업을 듣기 위해 함께 방문한 것을 보게 되었다.

훤칠한 키에 멀끔한 얼굴을 가져 은근히 눈길을 사로잡은 그는 나보다 두 살 많은 오빠라고 했다.

수업 듣는 내내 그 두 사람이 얼마나 요란하게 소리를 내지르는지, 난생 처음 보는 광경은 호기심을 불러일으켰다. 수업을 마치고 나온 부모님 연배의 회원님들의 야유가 소란스러웠다.

아줌마들만 있던 요가 학원에 젊은 총각들이 와서 좋다는 회원님들, 호들갑을 떠는 회원님들을 보고는 능청스럽게도 누나라고 부르는 낯짝 두꺼운 총각.

그 낯짝 두꺼운 총각이 나와 평생을 함께 걸어갈 동반자가 될 줄은 꿈에도 몰랐다.

"나영아, 지난번에 우리 학원 일 도와주러 왔을 때 봤던 그 사람 있잖아. 언니 만나는 오빠 친구. 기억나?"
"어? 기억나지."
"오늘 저녁에 넷이서 한잔할래? 어때?"

"응, 그러자!"

이성을 보는 기준은 사람마다 모두 다르지만 일단 나는 부족한 나의 모습을 누구보다 잘 알기에, 온전히 나라는 사람을 이해하고 봐 줄 수 있는 사람을 유구히 내 이상형으로 꼽았다. 나를 이해해 준다는 것은 내 미래를 믿고, 내 선택을 지지하며, 내 의사를 존중하고, 그리고 나를 존중해 준다는 의미였다. 지금껏 사업을 하며 수많은 사람들과 인연을 맺어 왔지만 가족, 친구, 지인을 모두 포함하여 나를 전적으로 밀어주는 사람을 만나지 못한 내게 '믿음'과 '이해'는 큰 의미를 가지고 있었다.

큰 이슈 없이 여느 연인들처럼 식사 자리에서 나눈 대화가 즐거웠고, 연락처를 교환해 대화를 몇 번 주고받다 보니 어느새 교제까지 하게 되었다.

사귀는 동안의 남편은 여느 남자들처럼 센스가 넘친다거나 여자의 마음을 잘 알고 알아서 애살스럽게 구는, 그런 타입은 아니었다. 하지만 스물다섯 살이 된 나는 그저 입맛에 맞는 연애만 하기를 원하는 것이 아니었다. 나는 언젠가 결혼을 하고 아이를 낳고 소소하지만 아름다운 가정을 이룰 꿈을 꾸고 있었고, 그러면 지금 만나는 사람도 가장이 될 것임을, 결혼 상대로서 만나는 것임을 인지하고 있었다.

가지고 있는 재산이라든가, 직업, 학벌 등은 전혀 중요치 않았다. 돈이 없어도 좋았다. 지금 소유하고 있는 부가 무슨 의미가 있겠는가. 돈이야 앞으로 나와 함께 벌어 가면 될 것이고, 정 없으면 내가 벌면 되지, 라는 생각이 컸다. 아직 나이도 어리니 성장할 수 있는 가능성이 큰 사람이라고 생각했고, 그만큼 그가 우직한 책임감을 가지고 있다는 것이 중요했다.

그렇게 만나 1년 6개월의 짧고도 긴 연애 끝에 우리는 결혼에 골인하게 되었다. 세간의 눈으로 보기에는 조금 이른 결혼일지도 모르겠다. 남편과 결혼을 할 것이라고 알렸을 때, 주변에서는 축하와 지지를 보내기보다는 걱정과 근심이 가득한 눈초리를 먼저 보여 주었다.

아무래도 그렇겠지. 당장 나는 3년 동안 나의 아이덴티티가 되어 주었던 사업을 정리하고 다른 일을 하기 위한 준비를 하던 중이었고, 남편은 7년째 하루에 12시간씩 근무하며 중식당 실장으로 받는 급여 350만 원이 전부인 월급쟁이였으니 말이다. 아무리 남편의 기술이 좋아서 천상의 음식 맛을 구현할 줄 아는 사람이라고 생각해 봐도 결국, 다니고 있는 가게가 없어지거나 사장과 관계가 틀어지면 그 자리에서 실직자가 돼 버릴 수밖에 없는 처지였던 것이다.

거기에 더해 남편은 빚도 있었다. 학자금 대출과 100% 대출로 구매했던 차량의 잔금 70%가 고스란히 남아 있던 상태였다.

상황이 여의치 않아 이 남자와 결혼하면 집도 없이 월세로 시작할 것이 뻔히 보이는데, 결혼까지 직진으로 달려갔던 용기에 지금도 웃음이 나오기는 한다.

현실적으로 보면, 오히려 현실적이지 못한 부부.
하지만 우리는 나름대로 지극히 현실적이었고, 생존에 진심이었다.

결혼까지 하고 나니 서로에 대한 책임감으로 가득 찼다.

남편은 원래부터 책임감 끝판왕이었지만, 가장이 되고 나니 그에 따른 부담감이 상당했을 것이다.

신혼여행을 다녀오고 나서 한 일주일쯤 지났을까?

그때부터 문득 은근한 불안감이 들기 시작했다. '현타'라고 해야 하나? 꿈이나 망상 따위에 빠져 있다가 자신이 처한 실제 상황을 깨닫게 된다는 '현실 자각 타임', 이른바 '현타'가 온 것이다.

갑자기 든 이 쎄-한 기분을 말로 설명하기는 무척 애매하다. 좋은 시절은 끝났다. 아마 이제부터는 둘에게 '죽기 살기로 세상을 살아갈 의지'가 필요함을 깨달았기 때문이라고 생각하면 될 것이다.

***

돈을 적게 벌진 않았던 것 같은데, 막상 결혼을 위해 재산을 정리해 보니 수중에 있는 돈은 그다지 많지 않았다. 모아둔 돈이 생각보다 별로 없는 상태였다.

하지만, 결혼 당시 내 나이 26세, 남편은 28세.
젊어도 한참 젊은 나이라 현재 소유한 재산의 정도로 가치를 따지기엔 이르다는 생각을 했었다. 결혼해서도 가능한 한 맞벌이를 하며 함께 자본을 모을 생각이었기에 나도, 신랑도 큰돈을 들고 있지 않아도 괜찮다고 생각했던 것이다.

신혼집이 어디든, 둘이 함께라면 다 좋을 것이라고 생각했으니 문제 될 것은 없었다.

사실 남편이 사업을 시작하기 전까지 일했던 중식당은 울산에서 이름을 조금 알린 맛집이었다. 남편이 만든 메뉴와 남편의 요리 기술로 월 5천만 원이 넘는 매출을 올리는 맛집. 매달 약 2천만 원이 넘는 순수익을 사장은 고스란히 혼자서 가져갔지만 정작 장사의 주축인 남편에게 들어오는 돈은 고작 매달 정해진 월급 350만 원이었다.

모든 것은 그 식당이 남편의 소유가 아니었기 때문이었다. 그래, 남편을 밀어주자. 내가 할 수 있는 모든 것을 해 보자. 이대로 남의 밑에서 일을 하며 늙어갈 바에는 설령 망한다고 할지라도 일찌감치 도전해 보자.

'둘인데, 우리가 뭘 못하겠어!'

생각이야 거창하게 많았지만 모아둔 돈이 없었기에 상상으로 그쳐야 했던 것을 실행으로 옮기는 데는 남편의 급성 통풍이 큰 영향을 끼쳤다.

결혼식을 올리고 그렇게 오랜 시간이 지나지 않았을 때였다. 당시 신혼집은 작은 복층이었는데, 위층으로 올라가는 좁은 계단에 걸터앉아 남편이 울고 있었다.

"여보, 뭐 해…?"

마디마디가 쑤시고 너무 아프다고 했다. 지난 주말 축구를 하고 와서 근육통이 심하게 왔나, 아니면 일을 너무 열심히 해서 근육통이 심하게 왔나. 고통스러워하며 주저앉아 있는 모습을 보고 있자니 일반적인 근육통은 아니구나, 그렇게 짐작했다.

"엽혀. 병원 가자, 우리."

순순히 등에 몸을 기댄 남편이 몇 발자국 나를 따라 걷더니, 병원보다 먼저 갈 곳이 있단다. 무슨 소리고 하니, 내일 가게(실장으로 있었던 가게) 오픈 준비를 해 놓아야 하는데, 아침에 병원에 있을 것 같으니 지금 식당을 들러 준비를 해야겠다는 것이었다.

미친 거 아니냐고, 지금 당신 꼴을 먼저 보라고, 그 몸으로 무슨 오픈 준비를 하겠다는 거냐고, 나는 그 모든 말을 속으로 삼켰다. 그리고 정말로 식당에 같이 가서는 묵묵히 소스와 면 등 장사에 필요한 재료를 준비하고 있는 남편의 뒷모습을 보며 양파 다듬는 것을 도왔다.

양파가 매워서, 눈물이 나왔다.

부랴부랴 일을 끝내 놓고 병원에 도착해 검사를 하니 근육통이 아닌 급성 통풍이란다.

바람만 스쳐도 아프다고 하는 그 통풍이라고 했다. 요산 수치가 매우 높단다. 통증이 대단할 것이었다. 의사가 일주일을 꼬박 입원해야 한다고 하면 조금 쉬어가겠다 할 법도 한데, 환자복을 입은 채 한 시간 동안의 외출 시간을 이용해서 꿋꿋하게 계약할 식당으로 나와 요리조리 기물들 넣을 곳을 살피는 남편을 보니 속에서 천불이 났다.

'독하게 살자. 주어진 시간을 절대 허투루 쓰지 말자.'

신랑과 내 가정을 지키고 싶다는 마음에서 우러나온 거였다.
당시엔 생기지도 않았던 미래의 아이까지 생각하며, 죄 없는 내 입술을 잘근잘근 씹은 적도 있었다.

지금 우리가 하는 고생 뒤에 어떤 결과가 기다리고 있을지 뻔히 보인다고.
그러니까 힘내서 우리가 잘 만들어 가 보자고.

남편이 음식점의 실장으로 일하던 시절, 음식 중 해물을 가장 좋아하시는 우리 아빠를 모시고 그 중식당을 간 적이 있었다.

여기서 이 해물짬뽕을 만든 사람이 내가 현재 만나고 있는 사람이라고 말하지 않았음에도 불구하고 아빠의 반응은 대단했다.

짬뽕이 너무 맛있다며 집에서 20분이 넘는 거리를 또 오자고 말씀하셨다.

남편이 식당에서 나와 남편만의 첫 가게를 차릴 수 있도록 큰 힘을 실어 준 고마운 첫 단골손님은 바로 우리 아빠였다.

언제나 자식과 관련된 일이라면 그게 무엇이든 모든 걸 짊어지려 했던 아빠의 마음을 잘 알기에, 결혼하고 난 뒤에는 꼭 우리의 힘으로 성장하는 것을 보여 드리고 싶었다.

남편만의 가게를 차렸으면 좋겠다는 아빠의 도움을 받아 2천만 원을 빌리고, 남편의 친구를 통해 2천만 원을 빌려 4천만 원을 만들었다.

보증금 2천만 원과 집기, 비품 등 필요한 물품을 다 구매해 가게에 넣고 나니 총 4,500만 원이 들었다.

아빠와 남편 친구의 도움으로 여차저차 가게는 오픈되었다. 빌린 돈의 상환 일자까지 임의로 정해 놓고 부러 허리띠를 졸랐다. 가게를 오픈했다는 것만으로 기뻐하기에는, 이제부터가 진짜 현실판 신혼 생활의 시작이었다.

내 인생을 다 걸고서라도 한평생 함께하고픈 내 남자를,
온 힘을 다해 밀어주자.

내가 할 수 있는 모든 것을 해 보자.

모든 것은 빚으로 시작했다. 4천만 원의 빚을 내서 상가 주택 1층 37평 건물에 중식당 '화공'을 오픈했다. 동업을 제안한 사람들도 많았고 투자를 해 주겠다는 분도 계셨지만 오로지 우리의 돈, 우리의 힘으로 식당을 운영하고 싶었다.

세 번째 STEP
머니 파이프라인을 만들어라 1
(본업에 매진하기)

준비하는 과정이 쉽지 않았다. 남편이 지금껏 7년간 쌓아 온 준수한 요리 실력과 기술을 바탕으로 한 메뉴 개발, 그에 상응하는 재료 준비, 손님들의 눈을 사로잡을 인테리어, 당연하게도 수반되는 모객 활동, 그리고 한번 찾아온 손님들을 단골로 만들기.

자본을 최대한 덜 들이기 위해서 머리를 맞대고 생각해 낸 꾀는 바로 이미 인테리어가 다 되어 있는 상가 건물에 입점하는 것이었다. 그렇게 열심히 찾고 찾아 계약한 건물은 사실 원래 일식 횟집이었다.

본디 일식집이었던 그곳의 인테리어는 어울리지 않는 듯, 묘하게 어울리며 오히려 화공의 매력 포인트가 된 것 같다.

사업이란 게 참 그렇다. 아무런 밑천이 없는 상태에서 4천만 원의 빚만으로 시작하는 것.

누군가는 '고작' 4천만 원 정도의 빚은 빚도 아니라고 치부할지도 모르겠다. 하지만 무자본 창업이 주는 두려움은 정도가 다르다고 생각한다. 빚으로 만들어 낸 사업장에 내 돈, 나의 투자가 하나도 없다는 것은 자본을 들고 시작하는 것과는 차원이 다른 막대한 부담감을 주었다.

모든 일을 처음 시작할 때는 겁이 나기 마련이지만, 이번은 이 일이 아니면 우리 가족은 안 된다는 생각으로 매일매일을 임했다.

화공의 예약석

부부의 모든 것을 걸고 시작한 사업. 나 혼자만의 사업이 아닌 남편의 이름을 내걸고 도전하는 사업이기에 더욱 성공하고 싶었다. 그렇게 탄생한 '화공'이 울산 지역 중식당 순위 TOP 3 안에 들 정도로 인정받는 가게가 되기까지는 생각보다 오래 걸리지 않았다.

우리는 아빠에게 빌렸던 2천만 원을 가게 오픈 3개월 만에 모두 갚았다.

사업은 이변의 연속

한 해가 지날 때까지 장사는 순조롭게 운영되고 있었다.
허나 난데없이 찾아 온 재난은 상상도 못했던 이변이었다.

- 국내에서도 신종 코로나바이러스 감염증, 이른바 '우한 폐렴'의 확진자가 나왔습니다. 코로나19의 증상으로는 발열, 기침, 근육통이 일반적이며 설사와 구토 같은 소화기계 증상이 발생하기도 하고 … 심지어는 미각이나 후각이 …

- 첫 코로나19 확진자가 나온 이후 마스크 5부제 판매가 시행 중인 가운데 …

거리 두기, 방역 패스, 사적 모임 인원 제한, 식당·카페·유흥시설·실내 체육 시설 등 영업시간 제한….

온갖 매체와 미디어에서 감염병에 대한 뉴스가 흘러나왔다. 금방 백신과 치료제가 개발되어 근시일 내 모든 사태가 종료되고 다시 원래의 일상대로 돌아갈 것이라는 억측들은 보기 좋게

빗나갔다.

코로나로 인해 매출이 떨어질 수 있으니 미리 대비해야 했다.

내리막길을 굴러가는 실패 덩어리는 그것에 대한 부담감이 클수록 가속도가 붙어 굴러떨어진다. 예전의 반복되었던 내리막길 브레이크, 방어 실패가 머릿속을 맴돌며 나를 괴롭혔다.

무언가 새로운 외부의 방해 요소가 생겨날 때마다 나의 수많은 계획과 노력은 쓰나미에 제방이 무너지듯 내려앉았다. 이번에도 다르지 않을 것이라 생각했다. 홀에 찾아오는 손님이 줄어들면, 그래서 그전만큼 매출이 나오지 않으면, 어떡하지?

고점을 찍었던 앞서의 사업도 내려오는 데는 몇 개월이 채 걸리지 않았다. 한 계단씩 올라가는 것은 더디고 힘들었지만 이뤄 놓은 실적이 무너질 때는 마치 미끄럼틀을 타고 내려오는 것처럼 순식간이었다. 지금껏 아등바등 노력한 것이 허망할 만큼.

탄탄하게 다져 놓은 기반을 토대로 올린 사업일지라도 안심하고 마음을 놓는 순간 꼭대기에서 바닥으로 곤두박질치는 것을 이미 한 번 경험했던 나였기에, 그래서 더욱 스트레스를 받았고 단 하루도 편히 잠을 잘 수가 없었다.

그러던 중, 2019년 12월.
우리에게 새 생명이 찾아왔음을 알게 되었다.

임신과 동시에 코로나로 인해 마스크를 끼지 않고는 바깥도 마음대로 돌아다니지 못하는 신세가 되었고, 지인을 만나 차 한 잔을 마시더라도 불안해서 제대로 마시지를 못했다.

임신 중인 현재도 걱정, 출산을 하고 아이가 태어난 뒤에도 걱정, 그 와중에 가게 운영도 걱정.
모든 게 다 걱정투성이였다.

사업이 어떻게 될지 몰라 여기저기 넣어 뒀던 돈들을 합산해 가며 현금 여유를 미리 파악해 뒀다.

자금 확보는 사업자에게 너무나 중요했다. 빚을 다 갚아냈어도 계획이 틀어져 조금만 자금 순환이 늦어지면 심적으로 부담을 가지곤 했었다.

남편과 가족 사업을 시작한 이후, 출산을 하기 전까지의 나는 지금껏 살아온 이래 가장 예민하고 불안한, 힘든 시기를 보내야 했다.

분담의 극대화

'수입호굴 불황신이가생.'이라는 말이 있다. 호랑이 굴에 들어가도 정신만 차리면 산다는 말이다.

전 세계를 덮친 코로나19가 가지고 온 풍파는 비단 일부에만 머물지 않았다. 누구에게나 마찬가지였겠지만, 사업을 하는 사람들에게 코로나 팬데믹은 가히 재앙 수준이었다.

그러나 아이러니하게도 가게 매출에는 변함이 없었다.

대기표(2020.12.20. 촬영)

여느 사업장들은 코로나로 인한 매출 급감이 가장 큰 문제라고 말했지만, 우리는 상황이 달랐다. 매출은 떨어지지 않고 오히려 지속적으로 우상향 곡선을 그리기 시작했다.

다만 매출이 증가한 만큼 따라서 늘어난 바쁜 식당 일을 함께 처리해 줄 귀한 직원들이 부족해지기 시작했다.

사람의 중요성을 앞선 사업 경험에서 뼈저리게 느꼈던 터라 이번에도 사람, 그러니까 인력 부족으로 인한 몰락을 최우선으로 방어해야겠다고 생각했다.

인건비를 아끼지 않더라도 직원이 채용되지 못하면 그거야말로 큰 문제인데….
코로나 여파로 인해 일하던 파트타임 직원들이 하나둘씩 줄지어 그만두기 시작했다.

역시, '사람이 가장 귀하다'라는 진리는 사업의 업종이 무엇이든 관계없이 어디에나 적용된다.

일할 수 있는 일손이 많지 않다면 업무를 분담해서라도 운영 활성화를 극대화시켜야 하지 않겠는가.

어떻게 해야 화공을 더욱 성장시킬 수 있을까. 성공한 식당들은 어떻게 했는가. 생각해 보면 성공했다고 볼 수 있는 식당들은 대부분 자신들의 브랜드를 퍼뜨렸다. 쉽게 말해, 프랜차이즈화되었다는 말이다.

아직까진 체인점을 낼 만큼 화공이 성공했다고 보긴 어려웠다. 즉시 체인화를 시키기 보다는 가게 확장을 먼저 목표로 삼았다. 수용 가능 인원을 훨씬 벗어나면, 그러면 근처에 2호점을 내고, 3호점을 내고…, 그렇게 차근차근 점포수를 늘려 가겠다.

화공의 인지도를 높여서 브랜드 가치를 덩달아 높이자. 점포 수를 늘리고, 브랜드 가치를 높여 가다 보면 자연스럽게 프랜차이즈화가 이루어질 것이다. 그렇게 외부에 화공의 이름을 알릴 수 있는 사람이 필요했다.

나는 그 업무를 직접 하기로 마음먹었다. 남편에게는 주방을, 직원들에게 홀과 주방 보조를 맡기고, 나는 가게 매출 증대를 위한 홍보 담당이 되었다.

화공의 본점은 울산에서도 특히 변두리에 위치한 가게였기에 홍보가 필수적이었다.

그러나 마음먹은 대로 모든 것을 할 수 있는 것은 아니었다.

우선 '어떻게'에 대한 해답이 없었다. 무턱대고 화공을 알리겠다고는 했지만, 그렇다고 막무가내로 전단지만 들이밀 수는 없는 노릇 아닌가.(물론 필요하다면 나는 전단지를 돌리는 것도 마다하지 않았을 것이다.)

홍보에 대한 고민은 코로나19가 들이닥치기 전부터도 나에게 가장 큰 숙제였다.
사실 지금과 같이 전략적이고 체계적인 홍보를 시작하게 되었던 계기가 있다.
돌이켜 생각해 보면, 아마도 화공을 오픈한 지 6개월쯤 되었을 때이다.

그때도 어떻게 해야 가장 효과적으로 가게 이름을 알릴 수 있을까를 고민하던 중이었다. 손님이 들어왔음을 알려 주는 풍경 종이 자그맣게 울렸다.

"어서 오세요!"

만면에 웃음을 띠고 인사를 하는데, 어디서 봤을까. 손님의 얼굴이 굉장히 낯익었다.

"어?!"

아는 동생과 함께 들어온 그 사람은 TV로만 보던 연예인이었다. 대한민국 20대 대표 여배우로 자리매김했던 미모의 여배우가 떡하니 눈앞에 앉아 메뉴판을 뒤적이고 있었다. 그 연예인이 훈장처럼 사인과 SNS 게시물을 남기며 가게를 다녀간 뒤 거짓말처럼 손님이 훌쩍 늘었다.

SNS 후기를 통한 바이럴 마케팅의 효과를 보여 주는 예시였다. 거기에 이미 얼굴과 이름이 널리 알려진 연예인이 다녀간 맛집이라는 게시글이 여러 명의 블로거들을 통해 지속적으로 노출된 것은 화룡점정이었다.

그때부터 더더욱 가게 이름을 알리기 위한 마케팅에 박차를 가했다. 전단지, 애플리케이션, 네이버 스마트 플레이스, SNS, 먹방이나 V-log를 전문으로 찍는 유튜버들, TV 광고 등 주어진 홍보 예산에 맞춰 하나씩 꾸준히 홍보를 진행했다. 홍보에

드는 비용은 전혀 아깝지 않았다.

  온라인 쇼핑몰을 운영해 보며, 홍보가 사업 운영에 얼마나 많은 영향을 미치는지 정도는 이미 알고 있었다. 최대한 많은 유입을 끌어올 수 있도록, 사람들의 눈에 노출이 될 수 있는 방법을 모색하며 나는 나만의 내조를 지속적으로 이어갔다. 본점을 오픈한 지 6개월 만에, 화공은 금방 2호점까지 오픈하게 되었다.

〈휴먼스토리〉 출연, 130만 조회수

거기에 더해 좋은 기회로, 〈휴먼스토리〉라는 유튜브 채널에 출연하게 되었다. 화공과 집을 오가는 일과와 식당이 이렇게 성장하기까지의 이야기를 담은 25분짜리 짧은 영상의 반응은 폭발적이었다. 조회수는 130만 회를 웃돌았고, 다행히 많은 분들이 어린 나이에 당차게 살아가는 우리 부부를 좋게 봐 주셔서 화공은 한 단계 성장할 수 있었다.

그리고 직원들의 퇴사로 인해 빈자리가 생길 때마다 외부의 조력을 받았다. 지인, 오랜 친구들의 도움을 받아 홀 업무를 도와줄 인력들을 배치하기 시작했다.

남편은 오롯이 주방 업무만 담당해도 손 댈 일들이 넘치게 많았고, 코로나가 터졌을 당시 화공은 2호점을 오픈했던지라 더욱 정신이 없었다.

정신없었던 그때를 다시 생각해 보면, 당시 본점 주방장이었던 실장님께 얼마나 감사한지 모르겠다.
본인의 사업인 것처럼 자리에서 묵묵히 일해 주시고 애써 주신 덕분에 화공은 2호점까지 무탈하게 오픈할 수 있었고, 그 감사한 인연은 거기서 끝이 아니었다.
5년이 지난 2023년 3월 현재, 그분은 화공 3호점의 사장님이 되어 우리 부부와의 소중한 인연을 이어오고 계신다.

그때의 간절함은 아직도 뚜렷하다. 사장, 직원 관계없이 화공과 관련된 모든 인력들은 본인의 역할에 충실했었다.

나는 외부에서 내부로 인력을 충원시키고, 신랑은 내부에서 더 단단히 사업을 다져가니 매일 툭툭대며 싸우던 시간들이 헛되지 않았음을, 괜한 고생을 한 것이 아니었음을 깨달았다.

필사적으로 사업을 살리고자 모두가 한마음으로 노력했기에 화공은 코로나19와의 긴 싸움에서도 버텨낼 수 있었다고 생각한다.

코로나19가 터진 2019년 12월 당시 화공은 월 매출 3천만 원을 조금 넘기던 가게였다.

코로나19가 여러 단계를 지나 '위드코로나' 단계로 접어든 2021년 1월, 화공은 월 매출 5천만 원의 가게가 되어 있었다.

요식업 특성상 다중이 이용할 수밖에 없는 업소임에도 불구하고 어떻게 매출 급감 없이 지속적으로 상승할 수 있었을까?

주변에서 사업하는 사람들이 '코로나19 사태를 화공은 어떻게 버텼는지' 물어오기 시작했다. 사실 확실히 대답할 수 있는 것은 그리 대단한 것이 아니다. 화공 중식당이 내리막 없이 아직까지도 버텨낼 수 있는 것은 단 한 순간도 사업 운영이 잘된다 하여 마음을 편히 먹은 적이 없었다는 것이고, 잘되면 잘될수록 이건 아직 시작일 뿐이라 생각하며 더 잘될 방법을 꾸준히 연구해 왔다는 것이다.

고객들에게는 늘 같은 마음으로 정성을 담아 만든 맛있는 한 끼를 내어드리자.
그리고 가장 중요한 내부 고객 만족도에 집중하자.

내부 고객이 뭐냐고?

사업을 하는 데에 중요한 요소, 그중 가장 으뜸으로 생각해야 하는 것은 사람이다. 사람에도 몇 가지 종류가 있다.
일단 첫 번째는 내부 인력이다. 나는 '화공'에서 일하는 직원들, 그러니까 내부 인력을 내부 고객이라 생각했다. 흔히들 그런 말을 하지 않는가.

'내가 회사의 주인이다, 이 회사가 내 것이다, 이렇게 생각하

고 일해 주세요.'

보통의 근로자들이라면, 대다수는 '내 사업이 아닌데, 내가 만든 가게도 아닌데 어떻게 내 회사인 것처럼 일하란 말이냐. 주어진 시간에 맞춰 적당히 일만 하고 가면 되지.'라고 생각할 것이다.

그런 직원들에게 "당신의 사업장이라 생각하고 간절한 마음으로 일해 주세요."라고 말하는 것은 말도 안 되는 요구를 하는 것과 같다고 본다.

그래, 누구나 받은 돈의 가치만큼 일한다는 생각이 기저에 깔려 있을 것이고, 사장이 된 것처럼, 대표가 된 것처럼 일해 달라는 요구에는 '그럼 사장이 받는 만큼 나에게도 줄 것이냐'라고 물음이 되돌아 올 수도 있을 것이다.

내가 내건 조건은 이랬다.

언제나 최저 시급보다 더 높은 인건비를 지급한다.

명절 등 연휴에는 휴가비와 선물도 아낌없이 지급한다. 지속적으로 복리후생에 신경 쓰며 직원들의 가족 경조사까지 함께 챙겨 준다.

고용자와 근로자가 서로 감사한 마음으로 서로를 존중하는 것, 그래서 더욱 끈끈한 관계가 형성되는 것, 그것이 바로 나의 철칙이자 내부 고객 만족 가이드라인이었다.

나는 업종을 불문하고, 어떤 종류의 사업을 운영하든 내부 고객을 만족시켜야 가게가 온전히 돌아갈 수 있음을 느꼈다.

더군다나 그들의 건강 또한 중요한 이슈였다. 한 분 한 분의 건강이 매우 중요하다. 몸이 좋지 않아서, 피로가 누적되어서 한 분이라도 가게에 나오지 못하게 되는 날에는 결국 사업장의 업무 또한 효율적으로 운영되지 못하기 때문이다.

혹시나, 당신이 예비 사업자이거나 직원을 고용한 사업장임에도 운영이 원활하지 못하다는 고민이 지속되고 있을 경우, 내부 고객의 만족을 위해 며칠만 투자하여 심사숙고해 보라.

꼭 사업장만의 내부 고객 만족 가이드라인을 만들어 보길 권한다.

단골 고객 만들기

내부 인력에 대한 이야기를 했으면, 이제는 외부 요소에 대한 이야기도 해야겠지. '사람'의 다른 종류 중 하나는 당연히 외부 고객이다.

아무래도 식당, 그러니까 요식업은 재방문 고객이 주기적으로 생길 수밖에 없는지라 단골 형성이 무척이나 중요한 업종 중 하나라고 생각한다. 사람이 살아가는 데 꼭 필요하다는 인간 생활의 세 가지 기본 요소 '의식주'를 생각해 보자.

의(衣) - 원하는 스타일에 맞춰 구매하는 쇼핑몰이 변하지 않는가? 봄·여름·가을·겨울 사계절 옷을 모두 한 쇼핑몰, 한 개의 업체에서 승부를 보는 경우는 거의 없다고 본다. 특히나 단골 고객 형성은 더욱이 어렵다.

주(住) - 단골 고객이 있는 공인중개업, 주기적으로 찾는 사람들이 넘쳐나는 주거지. 모두 단골과는 거리가 좀 있어 보인다. 아, 투자를 목적으로 하는 사람들이 끊이지 않고 몰리는 그런 집이 이벤트처럼 생길 수는 있겠다.

그렇다면 '식'은 어떨까?

식(食) - 사람이 먹고 마시는 모든 것. 인체의 에너지원을 얻기 위해서는, 생존을 위해서는 무조건적으로 음식을 통해 에너지원을 섭취해 주어야한다.

그렇다고 우리가 아무것으로, 이를테면 영양제 같은 것으로 배를 채우는가? 아니, 오히려 어차피 먹는 한 끼, 더 맛있고, 더 잘 알고, 더 가깝고, 이왕이면 더 친근한 곳에서 식사를 해결하려고 하지 않는가.

1주일에 한 번은 같은 식당을 찾아 끼니를 해결하는 '단골'을 형성하기 아주 좋다는 말씀이다.

손님을 끌어오고 유지시키는 요소로는 보통 이렇게 몇 가지를 꼽는다. 맛, 친절(서비스), 청결, 가격.

사실 맛이야 미쉐린 별 세 개를 달았거나, 별 다섯 개짜리 호텔 주방장 출신이 운영하는 파인다이닝이거나, 몇십, 몇백 년 전통의 가문 대대로 내려온 레시피를 바탕으로 한 주력 메뉴가 있는 식당이 아니고서야 거기서 거기(물론 미식가들은 다르게 느낄 수도 있겠다)기 때문에 약간의 차별성을 두는 것이 무척이나 중요하다. 소스를 예시로 들어 보자.

중국집 대표 사이드 메뉴 만두. 만두 주문이 들어오면 보통 간장과 함께 나간다. 그런데 일반 간장이 아닌 고춧가루와 식초로 맛을 살짝 조미한 간장을 함께 곁들인다면? 탕수 소스를 간장과 함께 내놓는다면?

혹은 서비스에서 차별화를 둘 수도 있겠다. 짜장면 한 그릇만 주문해도 자연스레 곁두리로 딸려 나가는 군만두, 볶음밥을 시키면 따로 주문하지 않아도 구성에 포함되는 건더기 가득한 짬뽕 국물, 포장해 가는 손님에게는 콜라나 사이다 같은 음료수를 봉지에 슬쩍 넣어 주기.

그리고 무엇보다 고객에게 인상 찌푸리지 않기. 웃는 낯에 침 못 뱉는다는 말도 있지 않은가. 생글생글 웃음기 가득한 얼굴로 친절히 안내하고 이야기하면 진상을 부리던 손님도 이내 멋쩍게 웃으며 머리를 긁적였다. '친절하게 웃는 여사장님이 계신 중국집'이라는 이미지를 얻기 위해서 마음을 다해 눈웃음을 지었다.

또 음식, 식사와 관련된 일을 하며 청결은 필수 요소라고 굳게 믿었다. 오픈형 주방인 만큼, 남편이 사용하는 조리 도구와 식재료는 투명하게 모든 손님에게 공개되었다. 사실 중국 음식은 조리 시 기름을 많이 쓰기 때문에 주방이 깨끗하기가 쉽지가 않다.

매일 고된 하루 일과가 끝나면, 남편과 나는 클리너와 행주, 수세미를 들고 기름때를 박박 문질러 닦았다. 거기까지가 퇴근을 하기 위한 과정이었다. 시작이야 비용을 줄이기 위해 어쩔 수 없이 조리 도구를 제외한 기본 기물들은 중고로 구매해서 쓸 수밖에 없었지만, 식당 매출이 안정을 찾은 후에는 기물마저 모두 새롭게 교체했다. 비위생적인 환경으로 인한 혹시 모를 불상사를 미연에 방지했다.

거기에 더해 '화공'에서는 특별한 이벤트를 덧붙였다. 매주까지는 못하더라도, 매달마다는 코스 요리를 2인 이상 주문하신 손님들에게 여행 할인권을 증정했다. 갈수록 늘어난 코스 요리 주문량 때문에 오랜 시간 이벤트를 지속할 수는 없었지만 손님들은 그런 이벤트가 있다는 것만으로도 굉장히 즐거워해 주셨다.

고객들에게 증정한 여행권과 화공을 응원해 준 연예인들의 싸인

그렇게 다각적으로 매출 증대를 위한 준비를 했음에도 불구하고 코로나19라는 악재가 닥쳐왔을 때는 혹여 열심히 일궈온 부부 사업이 실패의 구렁텅이에 빠지지는 않을까 겁이 났던 것이 사실이다.

'배달의 ○○, 주문!'

하지만, 하늘이 또 도왔다.

코로나19로 인해 밤 9시면 칼같이 문을 닫아야 하는 식당, 입장 가능한 손님 명수의 제한 등으로 인해 식당 매출이 조금씩 줄어들지는 않을까 매일같이 걱정했던 남편과 나는, 홀 고객만 받으며 운영해 왔던 우리 화공도 이제는 배달 영업을 병행해야겠다는 큰 결정을 내렸다. 가게를 오픈한 지 2년 만에 유명 배달 애플리케이션인 '배달의 ○○'에 입점을 한 것이다.

코로나로 인해 식당에 가지 못하게 된 고객들은 이제 집에서 애플리케이션을 이용해 배달로 음식을 시켜 먹는 것이 흔한 일상이 되었다.

당연한 말이겠지만, 받을 수 있는 고객 수와 회전률이 정해진 홀 고객 주문 건과는 비교가 되지 않았다.

입점하자마자 배달로만 올라오는 매출은 시루 안 콩나물이 자라듯 쑥쑥 성장했다.

첫째 달, 300만 원 상승
둘째 달, 500만 원 상승

셋째 달, 1천만 원 상승

넷째 달, 1,200만 원 상승

⋮

홀 매출 하락은 없이 배달로 인한 매출이 지속 상승되니 전체 매출은 신나게 우상향 곡선을 그리며 원래의 홀 영업 매출에 더해 대단한 시너지 효과를 냈다.

원래 '화공'은 가성비 좋은 중식 코스 요리로 유명세를 탔던 가게라 코로나19 전까진 홀 영업만 하던 식당이었다. 그런데 배달 어플에 입점한 후부터는 배달 어플을 켜기만 하면 주문이 밀물처럼 밀려들어왔다. 코로나19가 악재가 되어 결국은 문을 닫게 된 식당들을 주변에서 너무나 많이 보고 들었던 터라 우리 식당도 저렇게 되지는 않을까, 결국 버틸 수 없게 되면 어떡하나, 수없이 걱정했던 것이 무색할 정도였다.

화공 중식당

★ 4.61/5 · 방문자리뷰 1,023 · 블로그리뷰 563

📞 전화   ⭐ 저장   ↗ 길찾기   ↪ 공유

⭐ 울산코스 외 10곳에 저장됨 ⌄

| N 예약 | 배달종료 |

N예약혜택
네이버 6인이상 단체 예약시 포인트제공

📍 울산 중구 종가25길 31 1층 화공 ⌄ · 📍 지도
· 내비게이션 · 거리뷰

🕐 영업 종료 · 11:00에 영업 시작 ⌄

📞 052-933-4593 📋 복사

🏠 단체석, 주차, 포장, 예약, 무선 인터넷, 남/녀 화장실 구분

📄 오랫동안 더 높은 품질의 음식을 제공드리기위해 연구했으며 신선한 재료와 비법육수, 조리법 등으로 고객님들께 더욱 만족스러운 식사를 대접드리겠습니다 ⌄

찹쌀탕수육(국내산 1...
25,000원

주문하기

짬뽕(맵기조절가능)
8,500원

주문하기

쟁반짜장면(불향나는...
8,000원

주문하기

중화비빔밥
9,000원

주문하기

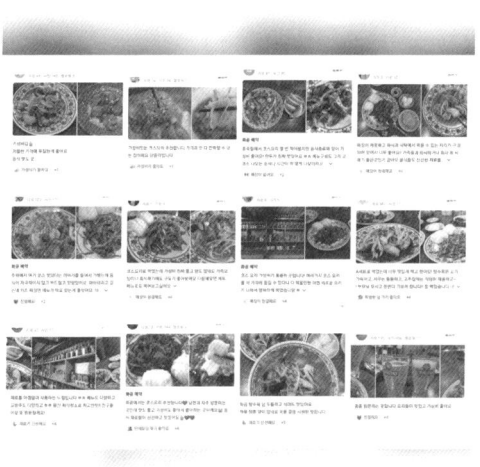

화공에 대한 솔직 리뷰들

2부 성공을 위한 인생 공략, S.T.E.P.

방문자 사진

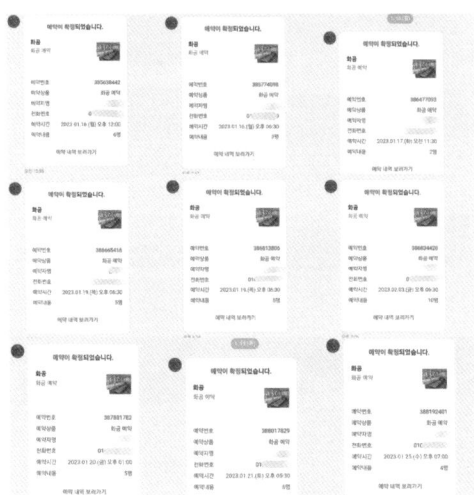

화공 실시간 예약

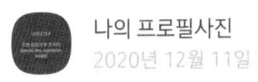
나의 프로필사진
2020년 12월 11일

코로나19 시기의 화공

오픈 시간이 맞지 않거나 감염병이 두려워 식당으로 선뜻 발걸음을 옮기기 어려웠던, 그러나 가게를 잊지 않고 찾아 주던 단골손님들도, 힘든 시기를 버텨 나아갈 실마리가 필요했던 화공도 '배달 애플리케이션 입점'이라는 매개를 통해 다시금 사업을 지속할 수 있는 새로운 돌파구가 생긴 것이었다.

부부 사업의 고충

운이 좋아 달콤한 신혼생활을 즐기며 화공을 운영해 온 것은 절대 아니었다.

안타깝게도 우리 부부에게는 신혼의 러블리한 분위기를 즐길 수 있을 만한 그런 여유 따윈 전혀 없었다.

꿈같았던 며칠간의 신혼여행을 다녀온 뒤부터는 그저 매일이 살기 위한 전쟁이었다.

아직 식당이 자리를 잡지 못했을 때에는 남편과 나, 그렇게 둘이서 가게를 전부 관리해야 했다. 당장 매출이 자리 잡기 전까진 사람을 부릴 돈마저 아껴야 빚을 갚을 수 있었기 때문이었다. 조금의 여유도 부릴 수 없었다. 남편은 주방을, 나는 홀을. 각자가 전담으로 맡아 관리할 수 있는 구역을 나눴고, 일을 하는 동안에는 서로의 구역을 터치하지 않았다.

물론 처음부터 그렇게 분담이 잘 된 것은 아니다. 중식당에 대해 아무것도 모를 때였으니 당연히 남편도 나도 상대가 하는 일에는 마음에 드는 것보다 들지 않는 것이 많았다. 서로 각자의 생각을 주장하다 보니 부딪치는 날 또한 거의 매일이었다.

어느 날은 하루 매출만 250만 원이 나왔다.

5천 원짜리 짜장면을 파는 중식당에서 일 매출 250만 원이라니. 그 바쁨을 몸소 느껴보지 않은 사람들은 절대 가늠할 수 없는 극한의 노동이었다.

홀이 만석이라 4-50명 정도 되는 사람들이 가득 붙어 앉아 있었고, 주문은 들어갔지만 아직 조리되지 않은 음식이 한가득 남아 있는 상태였다.
식당에 있던 수많은 사람들과 홀에서 음식 서빙을 대기하던 나는 남편이 조리하는 동안 음식을 만드는 모습을 조용히 지켜보았다. 도와주는 직원 한 명 없이 혼자서, 그러나 완벽하게 묵묵히 몇십 인분의 요리를 하던 남편을 보며 생각했다.

'저 사람은 앞으로도 저렇게 무한하게 성장하겠구나.'

힘들어도 힘들다는 말 한마디를 잘 하지 않던 남편.
묵묵하게 할 일을 이어가며 듬직하게 가장으로서의 책임을 다하려 했던 남편.

그게 좋아 내가 택했는데, 최고의 신랑감이라고 자부했는데, 내가 믿어 줘야지. 내가 밀어줘야지.

맘속으로는 항상 그렇게 생각하면서도, 늘 나는 날카로운 말들만 총알처럼 쏘아대며 남편에게 상처를 주고 있었다. 마음과는 다르게 행동하고 있었다.

늘 예쁜 아내이고 싶었고, 그러기 위해 노력하고 있었는데, 고맙다는 간단한 표현 한마디를 못하는 성향에 괜히 서운해 모질이같은 행동을 하고 있었던 것이다.

일을 끝내고 집에 도착하면 하루 종일 서서 움직이느라 고통을 받은 다리가 나무토막처럼 딱딱하게 굳어 있었다. 너무 너무 힘들어서 아무도 모르는 곳으로 도망을 치고 싶었고, 허공에 구름처럼 사라져 버리고 싶었던 그 시절을 버티게 해 준

것은 바로 우리가 도전한 인생에 대한 믿음이었다. 각자 맡은 구역에서 최선을 다하면, 그리고 그 최선을 서로가 믿는다면 우리 부부는 언젠가 성공할 것이라는 믿음.

혼자서 모든 것을 할 수 있을 것이라는 오만한 생각은 없었다. 그 생각으로 인해 반복적으로 내 사업에선 만족하지 못한 인생을 살았으니깐 말이다.

사람은 혼자서 모든 일을 할 때보다는 둘이 함께 업무를 볼 때, 마찬가지로 둘만 일을 하는 것보다는 셋이서 함께 할 때 더욱 큰 시너지를 낸다. 여러 사람이 모였을 때 만들어 내는 상승효과는 생각보다 기대할 만하다. 머릿수로 밀어붙이라는 말이 아니다. 적정한 업무에 적정한 직원이 자리해 맡은바 소임을 확실하게 해낼 때, 그럴 때 '인력'이 사업이 성장하는 호재로 작용한다는 말이다.

부부가 함께한 사업이었기에 우리는 각자가 해야 할 일을 나눠 진행했지만, 1인 사업자일 경우에는 무조건적으로 일을 분담해서 맡을 수 있는 직원을 꼭 두어야 한다고 생각한다.

당신을 지킬 수 있는 것도, 당신의 소중한 사람을 지켜줄 수 있는 것도,

결국 모든 것은 사람이 가능케 한다.

기억하자. 사람을 귀히 여길 것. 함께할 수 있는 인력들을 소중히 여길 것.

세 번째 STEP
머니 파이프라인을 만들어라 1
-본업에 매진하기

1. 당신은 지금 하는 본업에 만족하고 있나요?

2. 본업을 더 발전시키기 위해 자신이 내세우는 강점은 무엇이 있나요?

3. 인력 충원에 대한 고민을 하고 있다면? 혹은 해야 한다면? 〈내부 고객 만족 가이드라인〉을 먼저 적어 봅시다.

세 번째 STEP
머니 파이프라인을 만들어라 2
(N잡러가 뭔데?)

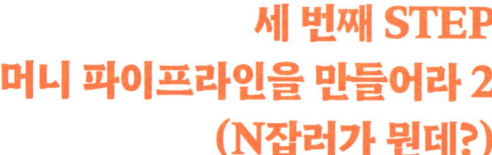

수입의 극대화 - I 보험 설계사_독립 지사 대표

그렇게 화공은 코로나19를 버티며 조금씩 꿋꿋하게 성장해 나갔다. 직원을 여럿 두게 되니 홀에서의 내 임무가 가볍게 줄어들었다.

그러나 나는 이만큼의 성장에 만족할 수 없었다. 남편과 결혼을 생각했던 당시 다짐했던 내조에 대해서는 평생 임무라 생각하며 나아가겠지만, 그저 내조만 하는 누군가의 아내로만 남고 싶지는 않았다.

화공을 오픈하기 전 26세의 나는 3년간 운영해 왔던 온라인 쇼핑몰과 오프라인 매장을 가지고 있었다. 그 일은 곧 매수를 희망하는 사람에게 넘어갔다. 나는 권리금을 받고 쇼핑몰을 처분한 뒤 제2의 일을 시작한 상태였다.

새로운 일을 원하고 시작하게 된 데는 내 일신에 변화가 생겼기 때문도 있었다. 얼마 지나지 않아 나는 결혼을 할 것이고, 가족이라는 카테고리 안에 새로운 사람이 들어앉게 될 것이었다.

가정이 생김으로써 나는 마음 가는 대로 시간을 자유롭게 쓸 수 있는 몸이 아니게 되었다. 지금은 아닐지라도, 언젠가는 아이를 양육할 시간이 절대적으로 필요할 것이었다.

시간과 업무의 공간이 자유로운 일, 수입에 제한이 없는 일. 아이가 태어나더라도 하고자 하는 마음만 있으면 지속적으로 할 수 있는 일.

그런 일이 무엇이 있을까 고민하던 차에 예전에 오프라인 옷가게를 잠깐 동안 운영하면서 알게 된 언니에게서 연락이 왔다.

"나영아, 잘 지내지?"
"언니, 오랜만이에요~! 전 잘 지내고 있어요! 언니도 잘 지내셨죠?"
"그르게, 못 본 지 너무 오래됐네. 언제 한번 시간 내서 가게로 갈게! 어떻게, 사업은 잘 되고 있지?"
"네~! 사업은 그럭저럭 잘 되고 있어요! 언니 시간 되실 때 봬요!"

그렇게 가볍게 닿았던 연락으로 인해 곽나영 사업 인생의 2막이 열릴 줄은 누가 알았겠는가. 옷가게를 하면서 만났을 때는 막연하게 시청이나 동사무소에서 일하는 공무원일 것이다, 라고 생각했던 그 언니는 사실 보험 회사의 부지점장 직책을 맡고 있었다. 생각지도 못했던 언니의 직업에 조금 놀랐지만,

아이를 세 명이나 키우며 동시에 일까지 하고 있었던 언니의 이야기를 듣고 나니 곧 그 일에 흥미가 생길 수밖에 없었다.

사람을 많이 만날 수 있는 일. 시간에 구애받지 않는 일. 천천히 나만의 방식으로 공부하며 경험을 만들어 가는 일. 내가 찾던 일이 정확하게 바로 그거였다.

그렇게 2018년 3월, 결혼을 두 달 남짓 남겨 두고 있던 나는 생각지도 못한 인연으로 영업인으로서의 활동을 시작했고, 5년이 지난 현재, 법인 보험 대리점의 독립 지사를 운영하는 대표가 되었다.

우리나라에서 보험은 짧지 않은 시간 동안 좋지 못한 인식을 가져 왔다. 실제로 만난 분들 중 대다수가 현재 내 직업을 들으면 '그런 일을 하기에는 너무 어리지 않느냐'고 되묻는다. '보험'이라고 하면 보통 이득을 취하기만 하려는 업이라며 선입견을 가질 수도 있다.

그도 그럴 만한 이유가 있기는 하다. 사실 보험은 재무 관리,

자산 관리라고 부를 수 있는 전문적인 업종이라고 생각한다. 그런데 대한민국에서는 그 인식이 달리 잡혀 있다. 20년차 이상의 대선배 설계사 분들을 통해 보험업의 역사를 포괄적으로 들은 기억이 있다. 1997년, IMF로 인해 대한민국에 혼란이 왔을 당시, 보험업에 중졸, 고졸 부모 세대들이 생활비를 번다는 목적으로 너도나도 나섰다고 한다. 일말의 공부도 없이, 정확한 정보 전달도 없이 그저 마구잡이식으로 판매를 하고 다녔던 설계사들이 많았다고 하니, 그때 판에 박힌 인식과 변하지 못한 환경이 결국 지금의 선입견으로까지 흘러오도록 만든 것이 아닐까 싶다.

각박했던 세상, 잘살기 위해 모두가 고생했겠지만 그것은 그리 좋지 못한 결과를 낳았다. 당시의 문제를 살펴보자. 보험은 영업이다. 영업이란 업을 할 때 가장 중요히 여겨야 할 '관계 사업'의 의미가 완전히 결여되어 있었다고 생각한다. 특히, 보험은 미래를 대비하고자 하는 무형의 상품이기에 일회성으로 판매되는 상품과는 애초부터 다른 영역으로 접근해야 한다. 고객의 팔로우 증대를 위해 부단히 연구하고 노력해야 하는 일이다.

내가 만든 인식도 아닌데, 그것과 동일한 취급을 받는 것이 싫었다. 거기에 더해 당시의 나는 보험에 대한 선입견이 없었다. 사람이 살아가는 일생 전반에서 보험이 꼭 필요한 것이라고 생각했고, 아무것도 모르는 사람들을 위해서는 보험 설계사의 역할이 필요하다고 생각했다. 타인의 눈치 또한 보지 않았다. 오로지 '나에게 확신을 가지는 것', 그것이 그 일을 시작할 수 있는 힘을 주었다.

당시 결혼을 앞두고 준비해야 할 것이 많았는데, 무엇보다 금전적으로 넉넉지 못했던 환경에 꼭 확인해야 했던 것은 남편과 내 보험 보장 내역과 보험사 대출 영역이었다. 궁금했던 부분들, 필요했던 부분들을 내가 직접 알아보고 하나씩 정리해 가니, 치밀하게 계획을 세워야 속이 시원해지는 내 성향에 꼭 맞는 일이었다.

거기에 더해 일 12시간 이상을 매장에 갇혀 상품 업로드와 택배만 포장하던 인생에 그토록 원했던 시공간의 자유로움까지 생겼으니 남편의 중식당 사업 내조와 병행할 수 있었고, 업에 대한 만족도는 더욱 높아져 갔다.

현직에 종사하는 여러 사람을 만나 자문을 구해 보았다. 보험은 잘 풀리지 않을 수가 없는 사업이라는 확신이 들었다. 아무것도 몰랐던 그 당시에도, 나와 남편이 매달 보험료만 둘이 합쳐 50만 원 이상을 납부하고 있었다. 그리고 불을 다루는 사업을 하게 된다면 화재 보험부터 시작해 혹시나 생길지 모를 식품 안전사고를 대비한 배상 보험까지, 다른 사람들보다 가입해야 할 보험의 개수와 내는 액수는 더 많아질 것이었다. 일반적인 경우에도 필수적으로 들어야 하는 보험을 생각하면 보험 설계사 일을 시작해 봐야겠다는 확신이 점점 더 커졌다.

화공을 오픈하기 3개월 전에 먼저 시작했던 보험 일은 우리 가정에도 많은 도움을 주었다. 보험 설계사로 활동하며 벌어들인 수입은 적게나마 우리 부부에게 안정적인 생활을 찾아갈 수 있도록 작은 힘이 되어 주었으니 말이다.

화공 내조를 병행하는 24시간 중, 단 30분의 짧은 시간이라도 허용되면 짬짬이 보고 싶었던 책을 읽었고, 자기계발에 투자할 시간도 만들기 시작했었다.

자유가 있는 일이었기에 도전이 가능했지만, 점차 일을 알아 갈수록 이 업계에서도 자리를 잡고 이름을 알리고 싶다는 욕심이 커지기 시작했다.

"쫓아가는 업이 아닌 찾아오게 만드는 일이 되도록, 초심을 잃지 말고 지속적으로 나의 노하우를 쌓아 보자."

모든 사업에 똑같이 적용되듯, 고객들의 팔로우를 만들기 위해 나는 무엇을 먼저 하면 좋을까, 또다시 마인드맵을 그려 가기 시작했다.

〈보험 사업을 위한 마인드맵〉

⋮

'폰 and 지식 and 마음가짐'

결론을 내렸다. 내가 원하는 것을 이루기 위해서는 위 세 가지만 있어도 충분했다.

다른 사업을 시작하듯이 초기 투자 자본이 필요한 일도 아니었다.

초심을 잃지 않고 마음먹은 그대로 꾸준히 행하다 보면 결국 부족하지 않을 팔로우 고객이 생기겠다는 것이 마인드맵의 결론이었다.

생각만치 모든 일이 수월하게 진행되지는 않았지만 어쨌든 나는 보험을 시작하고 나서 조급해하거나 불안해하지 않았다. 초창기 내 고객들은 주로 나를 지지해 주었던 몇 명의 내 지인들이었다.

차츰 내공이 생기니 병원 원장님, 중소기업 대표, 자영업자 사장님, 공무원 등 사회에서 여러 가지 지위와 직업을 가진 한 분 한 분이 소중한 인맥이 되었다.

예를 들어 한 복지 센터의 원장님이었던 고객이 있었다. 그 분이 가입하고 얼마 지나지 않아 교통사고로 보상을 받게 되는 일이 생겼고, 같은 직장에 복지사 분들을 소개시켜 주시면서,

그렇게 소개받은 분들의 주변 지인들까지 소개를 받게 되었다. 내 모든 영업의 길은 소개로 시작하여 소개로 이어져 왔다.

"… 관련해서 자세한 이야기는 점심 드시고 나서 진행하실까요! 근처에 저희 남편이 중식당을 운영하고 있어요. 중식 괜찮으시면 점심 드시고 가세요~!"

내 명함보다 남편의 명함을 먼저 내밀며 가게 홍보까지 알차게 더했던 나는 힘들다는 생각도 하지 못한 채 즐겼다. 내 일과 남편 일의 내조를 함께할 수 있으니 그저 감사하고 행복했다.

그렇게 보험 사업과 식당 사업이 맞물려 동반 상승효과를 갖게 되었다. 보험업을 통해 새로운 인연을 만나고, 근처에서 만남을 가진 고객에게는 우리 식당에서 식사 대접까지 했다.
이 일을 하며 나도 나를 완벽하게 파악할 수 있었다. 사람들을 만나 이야기를 주고받는 것은 그야말로 내 적성에 딱이었다.

결국 나는 5년 전의 초심을 그대로 지금까지 이어오며 30세에 여성 최연소 독립 지사 대표가 될 수 있었고, 내가 나고 자란 울산 지역에서 젊은 여성 설계사로 많은 고객들의 팔로우를 받을 수 있게 되었다.

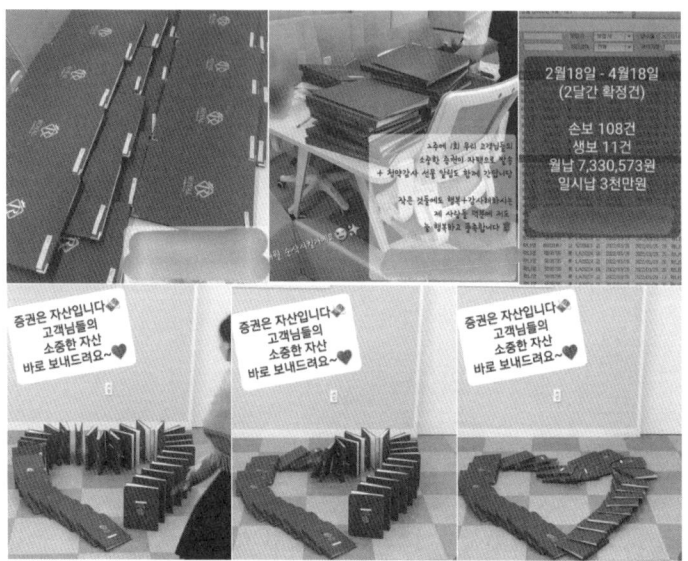

30세 워킹맘임에도 불구하고 폰 하나를 무기 삼아 새벽 시간을 틈틈이 활용하여 고객들에게 빠른 피드백과 다양한 설계 업무를 지원해 드릴 수 있었고, 사업, 육아, 학업 등 세 가지 영역의 일들을 동시에 병행하면서도 급여 1억 원을 수령하는 기적을 현실로 만들었다.

"무언가를 이루고 싶다면, 원하는 것을 이미 이룬 당신의 모습을 끊임없이 상상해 보아라.

그리고 상상한 것을 곧바로 행해라."

남편을 도우며, 나는 화공이란 식당의 안주인으로서만 성장해 오지 않았다.

갓 성인이 되었을 때부터 20대 시절의 전부를 무수히 많은 곳에 투자하며 경험을 만들어 왔다. 금보다 귀하다 여기는 시간으로 빚어 낸 경험은 또 다른 경험을 낳았다. 그렇게 새로운 경험을 위한 발돋움을 했기에 지금의 내가 존재할 수 있었다.

'누군가의 아내'
'누군가의 엄마'

'누군가의 무언가'가 아닌, '곽나영이라는 사람'으로서의 자리를 당당히 만들었고, 중식당 화공의 안주인과 더불어 연 매출 n억의 수입을 올리는 보험사 독립 지사의 대표 타이틀까지 얻을 수 있었다.

앞서도 이야기했지만 사업을 운영하는 데는 선입견이 필요치 않다. 지나치게 일반화된 고정 관념을 탈피하라. 기회가 왔을 때, 그것을 놓치지 않고 확신한다면, 새로운 시각으로 세상을 바라볼 수 있을 것이다.

수입의 극대화 – II 카페 사업

코로나19가 터지고 얼마 지나지 않았을 무렵, 그날따라 오랫동안 쉬지 않고 달려온 나에게 잠깐의 휴식을 주고 싶어졌다. 쉬는 날이 정해져 있지 않아 대중없이 일하는 탓에 하루 온종일 쉬기는 쉽지 않았지만, 코로나19 시대에 가게의 향방과 관련해 고민할 시간이 필요한 것은 사실이었다.

집 근처 카페에서 커피 한 잔을 들고 노트를 꺼내들었다. 늘 해오던 것처럼 똑같이 마인드맵을 끼적였다.

'사업으로는 이미 충분한 수입을 벌어들이고 있는 것 같긴

한데, 그래도 확실한 수익 창구가 하나 더 있으면 좋겠다.'

카페 사업을 그렇게 시작하게 되었다.

코로나19가 있든 없든, 어떻게든 사람들은 공간이 필요하지 않겠는가. 오히려 감염병의 존재 때문에 사람들은 불특정다수와 함께 바이러스에 노출되는 것보다는 특정 몇몇의 사람들과 안전하다고 생각되는 공간에서 시간을 보내고 싶어 할 것이다.

룸이 각각 칸막이 형태로 구분된 공간을 저렴한 권리금에 인수했다. 그렇게 각각 나뉘어진 공간에는 나름대로 소파도 놓여 있었고, 앤티크한 테이블과 장신구가 있어 그럭저럭 분위기가 살았다.

각각 나뉘어진 룸에 대관료 표를 만들어 두고, 새로운 형식의 룸 카페를 홍보했다. 신박하고 흔치 않은 것을 좋아하는 20대 여성분들에게 바로 반응이 오기 시작했다. 코로나19 시대에 프라이빗한 공간에서 지인들과 보낼 수 있는 시간을 돈을 주고 구매하려는 사람들이 늘어났다.

생각보다 큰 인원이 룸을 이용하길 바라는 경우가 왕왕 생겼다. 어차피 정석적인 카페로 운영할 것이 아니기 때문에, 나는 과감한 선택을 했다.

아마 원두나 여러 가지 장비를 넣어 놓는 용도로 사용한 듯한 카페에 원래 있던 창고를 없애고 그 자리에 스터디룸을 만들었다. 10명 이상이 들어가 대화를 나눌 수 있는 대형 룸이었다.

이 단체 룸은 100% 예약제로 운영했다. 단체 룸을 이용하는 고객들은 기존 룸과 똑같은 가격으로 음료를 시켜서 마실 수 있었다. 1인 당 메뉴 1개의 주문을 받았고, 대신 원하는 시간만큼 저렴한 대관료를 내고 룸을 이용할 수 있었다.

이 단체 스터디룸의 인기도 어마어마했다. 처음부터 그랬던 것은 아니고, 아무래도 스터디룸의 주 고객층은 20대 초중반의 대학생, 사회초년생이다 보니 자연스레 그들의 모임에 홍보가 되는 효과가 있었다.

카페만의 앤티크한 분위기 덕분에 새로운 장르에서도 예약 문의가 빗발쳤다. 결혼 전 신부의 친구들이 파티를 열어 주는 브라이덜 샤워에 대한 문의였다. 브라이덜 샤워도 똑같았다. 음료의 가격도, 대관료도 동일하게 책정해 놓고 예약을 받으니 스터디룸 대관을 통해 얻었던 홍보 효과를 그대로 이어받을 수 있었다.

카페를 오픈했을 때는 임신 6개월 차라 어느 정도 운영이 가능했지만, 9개월의 만삭이 되니 아르바이트생을 두어 명 두고 가게에 대한 관리를 모두 맡겼다. 그럼에도 불구하고 사장은 당연히 해야 하는 일들이 넘치게 많았다. 점차 관리하기가 힘들어진다 싶을 때쯤, 카페 매수를 희망하는 사람들로부터 연락이 오기 시작했다.

권리금 1,200만 원을 더 높여서 카페를 매입하는 데 들인 원금 외에 수익을 얻어 넘길 수 있었다. 3개월간의 카페 순이익과 권리금 수익이 합쳐지니 꽤나 쏠쏠했다. 바늘이 가는 곳을 실이 따라가는 것처럼, 상상한 대로 계획을 수립하고 계획대로 실행하니 그대로 수입이 따라와 주었다.

28세 출산과 동시에 수익을 남기며 가게를 처분할 수 있었던 것에 운이 따르지 않았다고는 말하지 못하겠다. 하지만 내놓으면 '당연히' 팔릴 매장이라고 생각하며 계획했던 것이 그대로 현실이 되어 돌아오니, 비즈니스에 대한 자신감과 확신은 더해져 있었다.

〈당시 카페의 내부 모습들〉

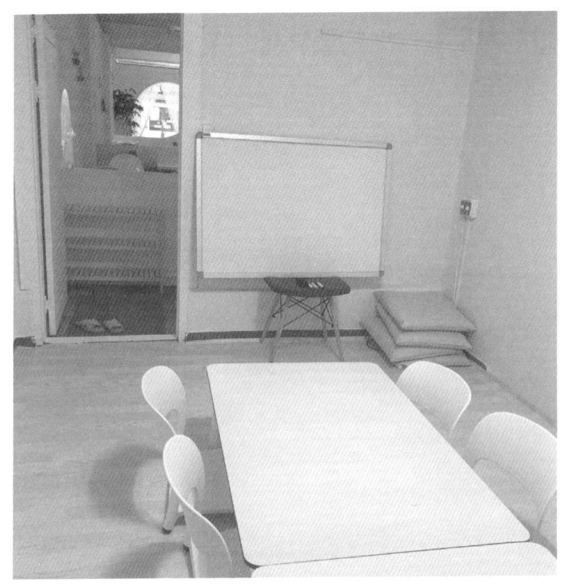

스터디룸

브라이덜 샤워 1

브라이덜 샤워 2

수입의 극대화 – III 무인 사업

'화공' 중식당의 홍보 담당, 보험 사업, 카페 운영과 육아를 병행하는 워킹맘으로서의 삶까지 곁들이면서, 나는 한 가지 사업을 더했다. 몸이 남아나질 않았겠다고? 아니, 시간을 벌며 일하기 위해 이번에 내가 선택한 것은 무인 판매 사업이었다.

남들은 '이미 부족하지 않은 삶을 살고 있지 않느냐'라고 말하기도 했었지만, 사실 나는 맨 처음 나의 사회 도전기였던 쇼핑몰 사업에 미련이 남아 있었다. 온라인과 오프라인을 종횡무진하며 꽤나 오랜 시간을 보내기도 했고, 수많은 시행착오를 겪으며 지금의 사업을 일궈내는 데 밑거름이 되어 주었기 때문일까. 쇼핑은 그다지 좋아하지도 않으면서 패션과 관련된 사업이라면 자꾸만 눈길이 갔다. 이번에는 무인 판매를 도전해 보며 무인 사업의 가치도 직접 확인해 보고 싶었다.

근래 들어 조금 자주 보이는 듯한 '무인' 가게들을 이용해 본 적이 있을 것이다. 무인 아이스크림 판매점을 아는가? 무인 편의점은? 무인 반찬 가게는?

몇 년 전 내가 신발을 무인으로 팔아 봐야겠다고 생각했을 때는 그것이 허황된 상상으로 치부할 만한 이야기였다. 처음 이 아이디어를 꺼냈을 때 남편의 반응도 마찬가지였다.

"무인으로, 뭘 한다고?"
"신발을 팔아 보려고. 오프라인 매장 경영할 때 느낀 건데, 누가 보고 있거나 거들어 주려고 하면 뭔가를 사고 싶어 하다가도 그냥 포기하고 가 버리는 사람들이 은근히 있더라고. 손님들도 직원이 관심을 가지는 걸 부담스러워 하는 거지. 우리는 각자 일하는 거 그대로 하면 되고, 매일 아침저녁으로 남은 물건 정리랑 재고 확인만 해 주면 계획대로 진행해 볼 수 있을 것 같아서!"
"무인으로 두면 사람들이 사 갈까?"
"한번 해 보는 거지. 간판 노출이 잘 되는 곳에 보증금, 월세가 저렴하게 나온 가게가 있더라고. 거기서 시작하면 손해 볼 것도 없겠다 싶어서."
"만약 훔쳐가거나 그러면 어떡하지…?"
"일단, 움직임 감지되는 CCTV 알아뒀고, 만약에 물건이 분실되면 도난·손해 관련 보상받을 수 있는 보험도 들어두면 돼.

도난 사고 나면 일단 경찰서에 접수 먼저 하는 것으로 진행하고…."

걱정 반, 기대 반의 마음으로 오픈한 결과는 뜻밖에도 나쁘지 않았다. 매출이 조금씩 뜨기 시작했다. 누가 사기는 할는지, 정말로 훔쳐가지는 않을는지 반신반의하며 가져다 놓은 신발이었고, 무인 매장을 운영한다는 것 자체가 주변에서도 보기 드문 일이라 조금 염려가 되기도 했다.

하지만 우리나라 사람들은 생각보다 더 양심적인지라(아마도 천장에 달린 CCTV 4개의 빨간 불 덕분일 것이다.) 신발을 몰래 훔쳐간다거나 하는 사고는 일어나지 않았고 매달 꾸준히 200만 원 정도의 수익을 올렸다. 하루에 못해도 대여섯 켤레씩은 끊임없이 판매되고 있다는 이야기였다.

나의 프로필사진
2021년 10월 6일 · 출산 후 13개월 사업 확장

무인 신발 가게

무인으로 판매하는 대신 인건비를 거하게 줄였고, 그건 신발 판매 가격에도 영향을 미쳤다. 신발은 사이즈별로 나눠서 진열해 놓았는데, 대부분의 신발은 최저 1만 원에서 최고 5만 원 사이로 판매했다. 직원이 없는 무인 매장을 가벼운 마음으로 들어오는 고객들은 고급화를 기대하지 않는다. 동네에 있는 부담 없는 가격대의 무인 신발 가게가 그들의 니즈를 만족시켰던 것 같다.

월세로 나가는 50만 원을 제하고 나면 월에 200만 원 정도가 남았다. 당시 식당이나 카페에서 들어오는 수익에 비하면 유의미한 금액이 손에 들어오는 것은 아니었지만 그래도 투자하는 시간 대비 꽤나 실속이 있는 사업이었다. 무인 매장으로 벌어들이는 돈은 아이의 과자값에나 조금 보태야겠다는 생각을 하며 운영했는데, 이때의 수익은 자기계발 통장(학업과 관련된 지출에 들어갈 비용들을 모아놓은 통장)에 차곡차곡 모여 추후 내가 경영학 석사 과정을 밟을 때 들어간 학비에 보탬이 되었다.

오픈 5개월 만에 무인 신발 가게는 인수를 희망하는 분에게 넘겨졌다. 새로운 경험을 한 데다 학비를 충당할 정도의 수익을 낸 사업. 내게는 충분한 값어치가 있는 사업이었다.

N잡을 두려워하지 마라

패션 온라인 쇼핑몰, 오프라인 의류 매장, 중식당, 보험 지사, 카페 창업, 무인 신발 판매 등 많은 일을 했고 지금도 동시에 진행하고 있다. 사업을 하면서 한 번도 현재에 머물러 있던 적은 없었다. 안주하는 것. 여러분이 언제든, 그리고 어떤 일이든 창업할 생각을 가지고 있다면 가장 먼저 갖다 버려야 하는 자세라고 생각한다.

투자 역사상 가장 위대한 투자자로 불리는 워런 버핏의 명언을 소개하고 싶다.

남들이 겁을 먹고 있을 때 욕심을 부려라. 남들이 겁을 먹고 있을 때가 욕심을 부려도 되는 때이다.

머니 파이프라인을 찾아 창업 업종을 결정하는 것은 가치 투자를 강점으로 하는 워런 버핏의 투자 원칙과 다름이 없다는 생각이 들지 않는가? 평가된 기업의 주식을 가치보다 싼 가격에 매수하여 적정한 가격에 팔아 수익을 얻듯이, 우리는 지금 저평가된, 아직 발굴되지 않은 머니 파이프라인을 찾아야 한다.

마찬가지로, N잡을 두려워하면 안 된다. 한 우물만 꿋꿋하게 파겠다고? 예전에는 '한 우물 파기', 이른바 장인 정신(한 가지 기술에 통달할 만큼 오랫동안 전념하고 심혈을 기울이고자 노력하는 정신)이 통하던 때가 있었다. 그때는 한 우물만 우직하게 파고 있으면 결국 언젠가는 인정을 받았다.

하지만 지금은 시대가 다르다. 한 우물만 열심히 팠는데, 그 우물이 사실 물이 나오지 않는 구덩이였을 뿐이라면 어떻게 되겠는가? 또는 여러 명이 그 구덩이를 파고 있는데 나의 힘이 가장 보잘것없이 약하다면? 물이 나올 법한 축축한 구덩이를 찾아서 여러 곳에 삽을 쑤셔 박아야 한다. 그래야 승산이 있다.

잠자는 동안에도 돈이 들어오는 방법을 찾지 못한다면 당신은 죽을 때까지 일을 해야만 할 것이다.

너무나 유명한 명언이다. 이것이 팩트다.
다음 장에서 이야기할 불로소득과도 맞닿아 있는 내용이다. 아무런 일을 하고 있지 않는 동안에도 소득이 자연스레 생긴다면 '성공'에 한 발자국 성큼 다가간 것이라고 할 수 있지 않을까.

생각해 보자. 앞으로 사회는 어떻게 흘러갈 것 같은가. 시대 흐름을 금방 파악하고 돈을 불러들이는 구조를 이해하는 사람이 성공하는 시대가 되었다.

23세 어린 나이에 온라인 쇼핑몰 사업을 시작했던 나는 그 당시에도 다른 사람에 비해서는 획기적인 방법으로 돈을 벌었다. 그러나 지금 와서 생각하면 후회가 남는 것은 어쩔 수 없다. 당시 쇼핑몰 홍보·노출을 위한 소개 영상 촬영을 해 유튜브에 업로드했다면 어땠을까? 관련 정보들을 담은 전자책을 발간했다면 어땠을까? 현재보다 조금 더 빨리 성장할 수 있었을 것이라는 아쉬움이 있기 때문이다.

'인간의 끝없는 욕심'이라고 하는 분들도 계실 것 같다. 하지만 알아야 한다. 인생을 살아가며 우리가 손을 내밀어 잡을 수 있는 기회는 여러 차례 오지 않는다. 더군다나 대놓고 '나, 내가 바로 기회야! 여기 있어! 보이지? 얼른 잡아 봐라'라며 힌트를 던져 주지도 않는다. 간혹 숨어 있는 기회를 잡는 것은 온전히 당신의 몫이다.

사업자 등록증은 단지 종이에 불과하다. 사업자 등록증을 발급받는 것을 두려워하지 않아야 한다. 이미 사업자 신청을 했다는 것에서, 당신은 반절 정도 온 것이나 다름없다.

두려워 말고 도전하라. '시작'이 당신을 도와줄 것이다.
후회하지 않는 삶을 살기를.

세 번째 STEP

머니 파이프라인을 만들어라 2
- N잡러가 뭔데?

1. 당신은 새로운 일들을 도전해 보고픈 욕구를 가지고 있나요?

2. 최소한의 생계유지를 위해 얼마의 수입이 필요하다고 생각하나요?

3. 최소한의 생계유지 비용을 제외하고 당신의 N잡을 위해 얼마만큼의 시간과 비용을 투자할 수 있나요?

ined
세 번째 STEP
머니 파이프라인을 만들어라 3
(불로 소득 만들기)

화공을 처음 오픈했을 때의 이야기로 다시 돌아가 보자. 앞서 쇼핑몰 사업을 하면서 엄마의 적극적인 지원으로 매입해 둔 집이 있었지만 그 집을 신혼집으로 하기에는 시내와 거리가 너무 멀었다. 아무래도 요식업인지라 음식 재료와 조리 도구가 매일같이 조달되어야 했고, 그 집에서 매일의 장사를 준비하기엔 버려지는 시간이 너무 많았다. 결국 우리는 집 한 채를 보유한 상태가 되어 생애 첫 주택 매입 대출이나 신혼부부 대출 등 저금리 대출의 혜택을 누리지 못한 채 전월세 집을 얻었다.

부동산 투자는 신중하게

내 명의로 시도한 첫 번째 부동산 투자는 실패했다. 최고점을 찍었을 때는 매수가의 70% 이상 이득을 볼 수 있었지만 시기를 놓쳐 제때 팔지 못했다. 7년이란 시간 동안 묵혀 놨다가 결국은 매수가와 비슷하게 매도할 수밖에 없었다. 부동산 주변 상권과 발전 가능성, 위치, 연식 등 많은 상관관계와 조건을 살피고 매입했어야 했지만 어렸던 나는 신혼부부 대출의 장점 따위는 고민해 보지도 못하고 엄마의 뜻에 따라 움직였다. 일단 23세라는 이른 나이에 내 소유의 부동산이 생긴다는 사실 자체에 설렘만 가득 가지고 있었던 것 같다.

결국 신혼집을 구할 때가 되어서는 무주택자에 해당되지 못해 대출 혜택도 받지 못하고 식당 근처에 지은 지 40년 정도 된 낡은 빌라에서 신혼살림을 차릴 수밖에 없었다. 화장실 문을 열고 불을 켜기 전 가만히 기다리고 있으면 '스샤샤샤샥' 하며 구석으로 흩어지는 바퀴벌레의 소리가 귀를 스치는 그런 낡고 오래된 빌라였다.

어느 정도 그 낡은 집에서 살다 보니 자그마한 벌레에는 몸이 익숙해져 버려 처음 봤을 때처럼 충격에 젖어 비명을 지르기보다는 무감각하게 마주하는 날이 더 많게 되었지만, 그럼에도 불구하고 갑자기 불을 켰을 때 접하게 될 시커먼 바퀴벌레 무리들을 차마 두 눈으로 보고 싶지 않았다. 그래서 화장실 문을 열고는 한참이고 가만히 서 있었다. '스샤샤샤샤샥' 소리가 멎고 그 끔찍한 작은 벌레들이 보이지 않는 곳에 잘 숨었다는 것을 인지할 수 있을 때까지 말이다.

벌레로 가득한 낡은 빌라에서의 삶은 그래도 내게 엄청난 동기를 불어넣어 주었다. 언제가 될지는 모르겠지만, 언젠가 태어날 내 아이는 이런 곳에서 키우고 싶지 않다고. 매달린 벌레보다는 야광별 스티커를 붙여서 꾸민 천장을 바라보며 잠에 들게 하고 싶었고, 곰팡이가 피지 않은 깨끗하고 햇볕이 잘 드는 상쾌한 방에서 장난감을 가지고 놀게 하고 싶다고.

마음을 독하게 먹고 임신을 하기 전까지 빚을 갚아 냈다. 악착같이 모으기에 힘썼다. 그리고 조금씩 모아두었던 목돈으로 상가 한 채, 주택 한 채를 순차적으로 매입할 수 있었다. 결혼하고 1년이 조금 지난 내 나이 28세에 부동산 세 채를 보유하게 되었다.

　상가 건물은 매수가보다 더 높은 금액으로 시세가 책정되어서, 추후 비즈니스 활동을 할 때 현금 대체를 위한 근저당 설정 등에 요긴하게 활용되기도 했다.

　당연히 투자를 전문적으로 하는 사람이라면 주택·아파트 부동산 투자로도 막대한 수익을 벌어들일 테지만 나는 전문 투자자가 아니다. 사업으로 밥벌이를 하는 우리의 환경에서 더 도움이 될 수 있는 투자가 무엇인지를 우선적으로 생각하며 투자처를 결정했다. 그렇게 매수한 부동산들은 단 한 번도 임차인이 끊이지 않아 매월 임대 소득까지 벌 수 있었다.

특별한 저축을 시작할 것

　여러 가지 사업으로 벌어들인 수익에 대한 관리는 내가 도맡

앉다. 빚도 갚아야 했고, 여러 군데로 돈 들어갈 일이 태산같이 많았기에 처음에는 조금 우왕좌왕하긴 했지만 사업이 자리를 잡아갈수록 수익 관리도 점차 제대로 된 모양새를 갖추었다.

나의 돈 관리는 과반 이상의 비율로 저축에 있었다. 고작 저축 좀 하는 것이 무슨 돈 관리냐고?

비결은 단리와 복리에 있다.

단리·복리에 대해 간단하게 설명해 보겠다.
단리는 원금에 대해서만 이자를 적용하는 것을 말한다. 원금에만 이자를 지급하기 때문에 처음 투입된 원금에 대해서만 이자 계산을 하고, 원금에서 발생된 추가금에 대해서는 이자 계산을 하지 않는다.

복리는 단리와 다르게 원금에서 발생된 이자에 대해서도 이자를 계산해 주는 방식을 말한다.

단리	복리
원금×(1+이자율×기간) 원금에만 이자를 지급	원금×(1+이자율)^{기간} (원금+이자)에 이자 지급
일반 투자의 경우 해당 (은행 예적금 등)	장기간 투자해야 이익 (보험, 연금 등)

만일 100만 원을 연 2%의 이자율로 3년 동안 단리로 저축하는 적금 상품에 가입했다고 치자. 100만 원의 0.02×3= 6만 원이기 때문에 단순히 원금 100만 원에 이자를 더해 3년 뒤 만기 시에는 106만 원의 해당하는 금액을 돌려받을 수 있다.

반대로 100만 원을 똑같이 연 2%의 이자율로 3년 동안 복리로 저축하는 적금 상품에 가입했다면, 1+0.02 값의 3제곱에 해당하는 61,208원, 즉 원금을 더해 1,061,208원을 받을 수 있게 된다. 단리로 받을 때보다 1,208원의 이익을 더 얻을 수 있다는 것이다.

사실 알고 나면 별거 아닌데, 지금까지 만나 온 수많은 사람들은 단순한 구조인 단리와 복리의 차이조차 제대로 알지 못한 채 매달 눈먼 저축을 하고 있었던 분들이 대다수였다.

은행은 모두 안전하고, 그 외의 금융 기관들은 불안전하다는 인식은 선입견이다. 물론 은행이 안전한 것은 맞다. 원금을 (한도 내에서긴 하지만 어쨌든) 보장해 준다는 이유가 가장 클 것이다.

안전한 투자를 원하는 안전 투자형 사람들은 원금 손실을 두려워하기에 당연하게도 큰 수익을 얻기도 쉽지가 않다. 금리는 줄어들면 줄어들었지 크게 늘어날 리는 없기 때문에 점점 더 큰 수익을 얻기는 힘들어질 것이다.

물론 코로나19 팬데믹 이후 모든 국제 경제가 흔들리면서 현재 우리나라에도 8~10년 만에 고금리 시장이 왔지만, 머지않아 코로나19가 잠잠해지면 시장 또한 안정되어 다시금 마이너스 금리를 향해 곤두박질칠 것이 뻔히 보인다. 때문에 투자 개념이 배제된 저축에 있어서는 충분히 만족할 만한 투자 수익을 얻어내기는 더더욱 어려워질 것이다.

가장 간단한 복리 저축 외에도 소득을 만들고 유지하는 방법은 굉장히 다양하다. 자신에게 맞는 투자 방법을 찾아 익숙해지도록 단련시키는 것이 중요할 것이다.

분산 투자와 레버리지 투자

이 또한 앞선 말과 다를 것은 별로 없다. 왜 그런가 하니, 당연하게도 이자율이 조금 더 높은 상품으로 갈아탈 수 있어야 하기 때문이다. 적금을 깨고 다른 상품으로 가입하는 것을 거북하게 생각하지 말아야 한다. 조금 더 이득이 되는 조건이라면 과감하게 기존의 것을 깨고 움직일 수 있어야 한다(대환 대출 활용과 같은 개념이다.).

나는 들어오는 수입을 조각조각 쪼개서 나눴다. 직원들의 퇴직금도 통장을 나눠서 저축했고, 부가세 명목으로 나가는 돈과 실질적으로 가게 운영에 들어가는 돈, 심지어는 남편의 월급마저 따로 정리해서 통장을 나눠 넣어 모았다.

사장인데 그게 무슨 의미가 있겠느냐만, 사실 매달 일정치의 금액이 월급으로 입금되면 남편 입장에서도 눈에 보이는 소득이 있으니 일을 하는 데에 훨씬 큰 동기 부여가 되었다는 것이다.

통장을 나눠 놓은 채로 들고 있으니 금액의 크기에 따라 투자할 곳을 정하는 것도 훨씬 수월했다. 투자와 관련된 계획을 짤 때는 하나의 큰 뭉치(통장 1개)보다는 오히려 작은 뭉치(3개 이상으로 쪼개 놓은 통장)들이 계산하기도 쉽고 가계 계획에 대한 오차도 적다.

부가세 명목이라는 이름의 통장에는 수천만 원의 돈이 모였다. 아예 나갈 돈이라 생각하고 관리하니 마음이 가벼웠다. 제대로 계산도 못하고 합쳐 놓은 수익금에서 매달 수천만 원의 부가세가 빠져나갔다면 꽤나 부담이 되었을 것이었다.

그렇게 모은 돈들은 그냥 두지 않았다. 은행 적금이 아닌, 확정 금리형 복리 일시납 저축 보험 상품 등을 활용해 모아둔 돈에 이자를 더했다.

통장에 보유한 현금이 많아지면 많아질수록 자산은 이자×이자가 되어 지속적으로 불어나는 형태가 된다.

지금까지는 소소한 통장 관리에 대한 이야기였다면, 지금부터 설명할 레버리지 투자는 조금 더 공격적인 투자 이야기가 될 것이다.

'레버리지 효과(leverage)'란, 기업이나 개인 사업자가 차입금 등 타인의 자본을 지렛대처럼 이용하여 자기 자본의 이익률을 높이는 것을 이야기한다. 한글로는 지렛대 효과. 보통 '레버리지 펀드'라는 이름 덕분에 조금 더 익숙할 듯싶다. 레버리지 펀드 또한 마찬가지로 저 레버리지 효과를 이용하여 투자 금액에 비해 더욱 높은 투자 수익을 얻을 수 있는 펀드를 일컫는다.

> ⟨레버리지 투자 예시(자본 증식의 원리)⟩
>
> A와 B는 매달 버는 돈이 100만 원으로 동일하다. 둘은 모두 6,000만 원짜리 집 한 채를 살 것을 계획하고 있다. 하지만 집을 사기 위한 방식은 각자 다르다.
>
> A - 5년 동안 돈을 모아서 집 한 채를 구매하겠다.
> B - 대출을 받아서 지금 당장 집 한 채를 구매하겠다.
>
> A와 B 둘 중 5년 뒤 누가 더 많은 자산을 가지고 있을 것이라 생각하는가?

    A와 B 둘 다 같은 자본을 가지고 있었지만, 결론적으로는 현재 더욱 부유해진 것은 B일 것이다. A가 5년에 걸쳐 6,000만 원을 모으는 동안, 물가가 자연스럽게 상승함에 따라 집값 또한 6,000만 원으로 동결되어 있지 않고 올라 있었다. 결국 A는 열심히 돈을 모았지만 집을 살 수는 없었다.

B는 대출을 받아 당장 그 집을 매입했다. 처음 구매할 때 6,000만 원이었던 집은 5년 뒤 7,000만 원으로 올랐다. B는 대출 이자와 원금을 갚아 나가고 있다. 원금은 모두 상환했고, 이자는 두어 달 뒤에는 다 갚을 정도이다. B는 집을 구매함으로써 A보다 최소 500만 원 이상 이득을 보았다.

물론 안전한 투자를 추구하는 사람들은 B처럼 투자하는 것을 반기지 않을 수 있다. A의 투자 방식은 수익성이 적은 대신 무척이나 안전하고, B의 투자 방식은 수익성이 높은 대신 실패할 가능성을 지고 가야 하기 때문이다(High Risk, High Return).

하지만 적정한 수준의 레버리지 투자를 이용하면 실제 얻을 수 있는 수익을 극대화시킬 수 있다.

적은 돈을 들여 매월 임대 수익 얻기.
리스크 방지를 위한 통장 분산, 꾸준히 부동산 투자에 관심 가지기, 부 축적 속도의 상승을 위한 레버리지 투자, 복리 구조 활용 등 불로 소득을 위해 내가 노력한 것은 여기까지다.

위에 언급한 것들 중 당신이 단 한 가지라도 실행하지 않고 있는 것이 있다면 지금 당장 그것을 실행해 보자. 돈이 되는 저축, 불로 소득을 만드는 저축은 당신의 삶을 더욱 풍족하게 만들어 줄 것이다.

세 번째 STEP

머니 파이프라인을 만들어라 3
- 불로 소득 만들기

1. 당신만의 불로 소득 계획이 있나요?

2. 레버리지 투자에 대한 당신의 의견은 어떠한가?

3. 레버리지 투자에 대해 긍정적이라면, 앞으로의 투자 계획을 지금 바로 작성해 보자.

3부

백조,
성공을 향해 날다

한 걸음 더 나아가기

SNS에 위의 상태메시지를 올렸을 때, 나는 30대가 지척으로

다가온 29세였고, 무언가를 이루어 냈다고 확신에 차서 말하기에는 아직 조금 부족하다고 느꼈다.

보험 지사는 오픈하기 전이었고, 학업에 대한 목마름을 절실히 느끼고 있던 상태였고, 화공 음식점은 3호점 오픈을 계획하고 있었다.

나는 30대에 다가올 내 미래에 대한 확신을 가지고 있었다. 다소 느리더라도 한 걸음씩 앞을 향해 나아가고 있었고, 2년이 채 되지 않는 짧은 시간 동안 많은 것들이 바뀌었다.

우선 나는 초대졸 졸업으로 보육과 체육을 동시에 배워 2년제 졸업을 마쳐 둔 상태였다. 뜬금없이 보육과 체육이라니 아 이러니하다 싶겠지만, 19세에 잠시 다니던 공장에서 당장 눈앞에 돈보다는 배움이 필요하단 것을 깨닫고 곧바로 대학에 진학해 보육 자격과 체육 실기교사 자격을 취득했던 것이었다.
이때도 가만히 앉아 답답하게 공부하기는 싫었기에, 그나마 흥미를 가질 수 있을 것 같은 아동 스포츠 학과를 선택했다.
이렇게 취득한 전문 자격증들은 현재 사업과 별개로 외부 활동을 하며 재능 나눔 등 봉사를 위해 활용되고 있다.

초대졸이었던 나는 보험업을 병행하며 국가평생교육진흥원의 학점은행제를 통해 경영학 학사 학위를 취득했다. 그리고 현재, 마케팅 경영학 석사 과정을 통해 더 넓은 학문을 배우며 매일을 연구하는 삶을 살고 있다. 사업자의 인생을 살며 경영과 마케팅에 대한 지식을 좀 더 쌓아 보고 싶다는 마음에서 우러나온 도전이 있었기에 내가 꿈꿔온 삶을 현실로 만드는 것이 가능했다.

파릇파릇하게 어렸던 스무 살 시절 대학에서는 배울 점이 없으리라 여겼었는데, 역시 쌓은 경험은 어디에나 도움이 된다.

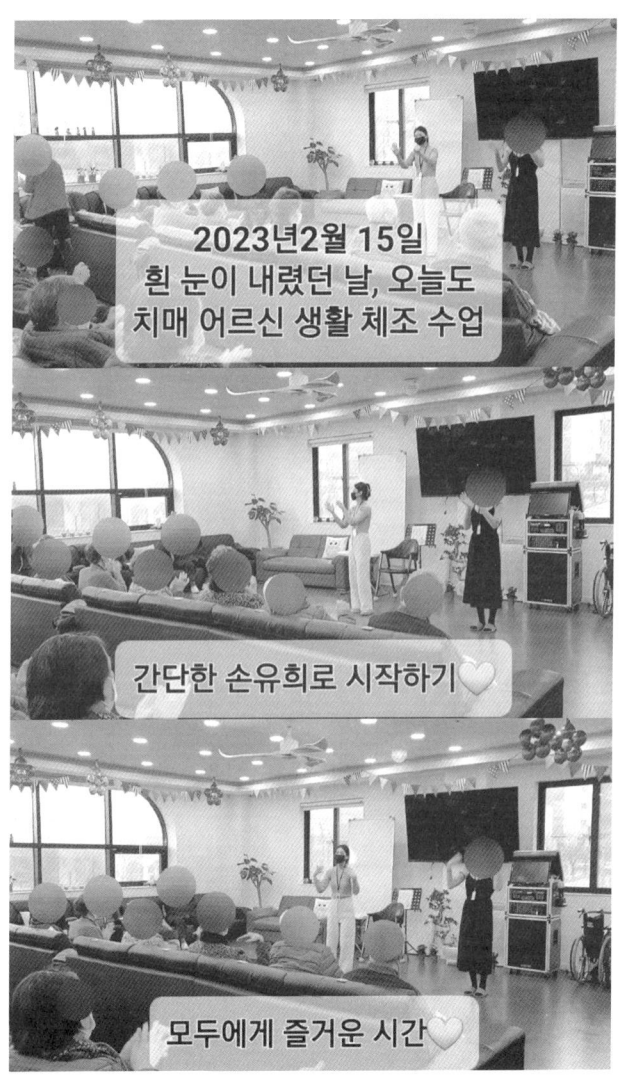

울산광역시 구·군 경로당/실버 케어 센터 치매 어르신 생활 체조 수업 봉사

사업의 본질에는 경험을 바탕으로 한 고객 만족 마케팅이 기본으로 깔려 있어야 한다고 본다. 마케팅을 어떻게 하느냐에 따라 사업의 성공이 좌우될 정도로 그 영향력이 크다. 더 체계적이고 명확한 지식을 배울수록 경영에서 마케팅이 차지하는 부분이 얼마나 큰지를 실감하고 있다.

당신도 나처럼 창업을 꿈꾸고 있다면.
언젠가 사업을 할 계획을 가지고 있다면.

어떤 인생을 살든, 가장 값진 것은 '경험'이라는 것을, 항상 멈추지 않고 연구하며 도약해야 한다는 것을 잊지 않아야 한다.

※※※

더불어 워킹맘, 워킹파파인 부모들에게 아낌없는 박수를 보낸다. 아이를 키우며 사업을 하는 워킹맘이 되어 보니, 이제야 내 부모님의 마음까지 진심으로 공감할 수 있게 되었다.

아이가 더 어릴 때는 육아 하나만으로도 하루 24시간이 부족했다. 맞벌이를 했던 우리 부부도 할 일을 나누어 맡았다. 아침에 일찍 준비를 마치고 일을 나가는 사람이 먼저 아이를 등원시켰다. 하원 후 가정 교육에 대한 부분은 놀이 시터 분들이 도움을 주셨다. 아무래도 맞벌이 사업자 부부의 인생에 전업주부의 역할까지 추가되기에는 적잖은 무리가 있었다. 시터 분께 들어가는 비용은 한 푼도 아깝지 않았다.

어느 한쪽에 치우치자니 다른 한쪽이 무너질 것만 같았고, 둘 다를 지키기 위해서라면 인건비를 투자하더라도 살림과 육아를 도와줄 전력이 필요했다.

사랑하는 자녀를 위해 오로지 아이와 가정에 집중하는 그 시간이 얼마나 어렵고 고된지 너무나 잘 알고 있다.

'버티자. 버텨서 내 자녀에게는 더 나은 삶을 살 수 있도록 방향을 잡아줄 수 있는 부모가 되어 주자.'

보잘것없었던 내가 이만큼까지 성장할 수 있었던 가장 큰 핵

심은 마음가짐이었다. 타인의 삶을 부러워만 하고, 선망하기만 한다면 변하는 것은 아무것도 없기에 마인드를 바꾸어야 했다. 어떤 것을 얻기 위해서는 포기해야 하는 것이 있음을 받아들여야 한다.

일상에서의 여가를 포기하고 시간 분배를 철저히 해 낭비되는 시간이 없도록 만들었다. 앞서 오프라인 옷가게서 내가 배운 것과 상통하는 바다. 시간 계획은 뭉텅이로 하지 않는다. 매일의 일과는 분당, 초당으로 나누어서 체계적으로 계획을 세우는 것이 성공에 더 빨리 도달할 수 있는 방법이었다.

취침 시간은 4시간에서 최대 6시간 정도로 정해 숙면을 취했다. 쉬는 날에도(사업 초반에는 쉬는 날 없이 매일매일을 일터에 나갔다.) 몸을 늘어뜨리기보다는 일찍 일어나 생활하는 패턴을 만들었다. 모든 여가 시간은 독서를 하거나 육아를 하는 것으로 대체했다.

바쁜 일상에서도 건강을 지키기 위해 틈틈이 유산소 운동과 홈트레이닝 근력 운동, 비타민 섭취, 월에 한두 번씩은 12시간 이상의 통잠 자기 등을 몇 년 동안 이어서 했다.

평일 저녁, 일이 끝나고 퇴근을 하고 나면 아이와 2~3시간 동안 놀아 준 뒤에는 씻기고 재우면 새벽 시간이 다 되었다. 그 이후에는 개인 업무를 하며 시간을 보냈다. 고요한 새벽 시간은 집중이 잘 되는 나만의 시간이다. 바짝 집중해서 사업 운영 계획을 수립하기도 했고, SNS에 홍보 게시물을 업로드하는 루틴을 가졌다.

학업 일정도 빼놓지 않았다. 주기적으로 있는 과제와 리포트 작성, 자료 조사, 거기에 부동산 투자를 할 만한 적당한 매물 검색, 육아 일지 정리(성장 앨범 관리), 생필품 구매, 가계부 정리까지 하면 하루 일과가 끝난다.

매우 바쁘고 하루하루가 정신이 없지만, 그래도 해내고 있다.

'습관이 곧 나를 만든다.'

낭비되는 시간이 없으니 하루하루가 알차게 채워졌고, 그렇게 달이 바뀌고 연도가 바뀌자 삶이 바뀌었다.

***

마지막으로, 전 세계 109개국에 출간되어 51개 언어로 번역돼 4,000만 부 이상 판매된 베스트셀러인 《부자 아빠 가난한 아빠》라는 책을 쓴 로버트 기요사키의 명언을 소개하고 싶다.

무엇이든 행동을 해야지만 정말로 그것이 무엇인지를 깨달을 수 있고 성장할 수 있습니다.
수만 가지 생각보다 하나의 행동이 더 큰 가치가 있습니다.
계속해서 안정적이기를 바란다면, 죽는 날까지 바보로 남을 겁니다.
명심하세요.
아무것도 도전하지 않는 것이 가장 위험한 것입니다.

S - Special
T - Time
E - Experience
P - People

앞서 강조했던 특별한 모든 것들, 경험, 시간, 사람을 모두 합치면 '발걸음'이 된다. 제목이 말해 주는 것도 그와 같다. 자신만의 특별한 경험을, 특별한 시간을, 그리고 특별한 사람들을 애써 겪어 보고 만나 보라.

성공을 향하는 'STEP'을 밟는다고 생각하면 쉽다. 앞만 보고 발을 내디뎌라. 당신의 도전이 맞다는, 옳다는 생각이 들 때는 소신을 가지고 뒤를 돌아보지 말라. 한 걸음 한 걸음 내딛다 보면 결국 원하는 곳에 다다르게 되어 있다.

성공을 향하는 인생에서, 가장 훌륭한 조력자는 바로 당신의 확신과 믿음이다.

30대의 곽나영은, 20대의 곽나영보다 좀 더 찬란하고 옹골찬 삶을 살 것이라 믿어 의심치 않는다. 'S.T.E.P.' 법칙을 명심하고 있다면, 당신의 삶도 마찬가지일 것이다.

에필로그

그런 이야기를 하고 싶었다.

"어떻게 그 나이에 그 위치까지 올라갔어요?"

이런 이야기. 조심스럽게, 어느 정도는 어설프고 서투를지라도 그 질문에 대한 답변을 소중하게 조심조심 정련해 한 권의 책으로 담아냈다.

성공이란 무척이나 주관적인 것이라, 어느 사람들의 눈에는 '고작' 저 정도의 성취를 가지고 우쭐해하는 서른한 살의 어린 치기로 보일 수도 있겠다.

어색하지만 용기를 냈다. 도움이 되었으면 했다. 고작 나라는 사람이, 누군가의 인생에 작게나마 불을 지필 수 있을까. 그

진솔한 이야기가 마음에 닿길 바랐다.

싱거운 답변일 수도 있겠다. 사람을 소중히 대할 것. 시간은 곧 금이라고 생각할 것. 수많은 경험이 곧 많은 자산을 불러 모아 줄 것이라는 것. 그렇지만 정말 그게 전부였다. 길지도 짧지도 않은 내 인생 31년의 세월은 시간과 경험, 그리고 사람이라는 너무나 귀한 자산으로 똘똘 뭉쳐 굴러갔고, 구르면 구를수록 걷잡을 수 없는 귀한 보배가 되어 다시금 내게 돌아왔다.

더불어 친구와의 대화에서 나온 핵심 멘트.

"성공하려면 꼭 그렇게까지 해야 해?"

그 '그렇게까지'를 해야 성공할 수 있다.

멈추지 말 것.
늘 고민하고 연구할 것.
잠깐에 그칠 현재의 행복함에 젖어 그 이후를 잊지 말 것.
작금의 불행뿐만이 아닌 뒷날의 불행까지도 생각하고 대비할 것.

'현재의 성공을 시작이라고 생각할 것.'

그래, 아무래도 성공이라고 하기에는 한참 부족하고, 그렇다고 평범한 인생이라고 하기에는 다소 서럽다.

나의 성공은, 그렇게, 여전히, 이어지고 있다.

특별 부록

감사한 나의
인생 포토스토리

결혼

화공을 오픈하다

화공의 인기

특별 부록 감사한 나의 인생 포토스토리

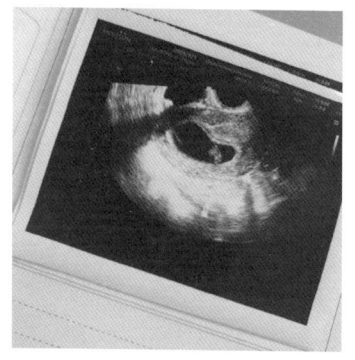 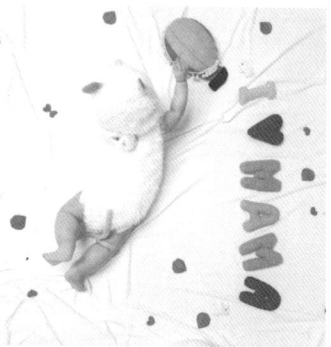

임신 그리고 출산   육아

아이와 함께한 일상

〈휴먼 스토리〉 출연 1

〈휴먼 스토리〉 출연 2

가족이란

출판사로 가다

새로운 도전

특별 부록 감사한 나의 인생 포토스토리

내 인생 가장 큰 선물

25세의 나

**모든 순간,
그 순간의 주인공은 당신이란 걸,
자신을 먼저 사랑하고
그 다음에 타인을 사랑해야 한다는 것을
잊지 말자.**

성공에 가까워지는 마인드셋 15가지

1. 도전을 두려워 말고 무엇이든 경험해라
2. 꾸밈없이 예쁘고 멋진 시기는 20대로 끝난다
3. 근거 없는 자신감을 가능한 많이 가져라
4. 힘들수록 웃을 수 있는 당신만의 무기를 만들어 두어라
5. 남의 잣대에 당신의 인생을 맞추지 말라
6. 멘토, 롤모델 찾기에 힘써라
7. 화가 나면 터트려라. 다만, 책임은 당신의 몫
8. 매사에 감사함을 당연한 덕목으로 두어라
9. 소비자에서 생산자 마인드로 바꾸어 보아라
10. 체력 관리도 능력이다
11. 자기 계발을 위해 아낌없는 투자를 하라
12. 퍼스널 브랜딩을 위해 무자본 집을 지어라(SNS)
13. 모방은 창조의 어머니란 말에 공감하라
14. 성공한 사람들의 삶을 끊임없이 연구해라
15. 당신이 성공한 모습을 꿈꾸고, 그걸 잊지 말라